나눔의 선물

나눌 수 있는 사랑이 있음은 축복입니다.
함께 그분의 사랑을 이 한 권의 책을 통해 나누고 싶습니다.

"가슴 깊은 사랑으로
_____ 님께 드립니다."

미주 한인 마약퇴치본부 사례집

선물 Gift

모든 인간은 하나님의 형상을 닮은 존엄한 존재입니다. 전 세계의 모든 사람들은 인종, 민족, 피부색, 문화, 언어에 관계없이 존귀합니다. 예영커뮤니케이션은 이러한 정신에 근거해 모든 인간이 존귀한 삶을 사는 데 필요한 지식과 문화를 예수 그리스도의 사랑으로 보급함으로써 우리가 속한 사회에 기여하고자 합니다.

미주 한인 마약퇴치본부 사례집

선물 Gift

초판 1쇄 찍은 날 · 2006년 2월 16일 | 초판 1쇄 펴낸 날 · 2006년 2월 20일
지은이 · 한영호 | **엮은이** · 나눔선교회 편집부 | **펴낸이** · 김승태

편집장 · 김은주 | **편집** · 박지영, 최문주, 윤구영 | **디자인** · 이승희 | **제작** · 한정수
영업본부장 · 오상섭 | **영업** · 변미영, 장완철 | **홍보** · 주진호
드림빌더스 · 고정원, 홍지영 | **물류** · 조용환, 송승철

등록번호 · 제2-1349호(1992. 3. 31.) | **펴낸 곳** · 예영커뮤니케이션
주소 · (110-616) 서울 광화문우체국 사서함 1661호 | **홈페이지** www.jeyoung.com
출판유통사업부 · T. (02)766-7912 F. (02)766-8934 e-mail: jeyoungsales@chol.com
출판사업부 · T. (02)766-8931 F. (02)766-0004 e-mail: jeyounggodit@chol.com

ISBN 89-8350-387-4 03230

Nanoom Christian Fellowship
1927 James M. Wood Bl.
Los Angeles, CA 90006
Tel:(213) 389-9912
Fax:(213) 389-5383
E-mail:Nanoomchristian@yahoo.com
　　　www.nanoom.org

Copyright ⓒ 2006, 나눔선교회
값 9,500원

■ 잘못 만들어진 책은 교환해 드립니다.

미주 한인 마약퇴치본부 사례집

선물 Gift

한영호 목사

예영커뮤니케이션

발간사

영적전쟁의 실제 상황

어젯밤, 나눔의 형제 중 하나가 자다가 갑작스레 벌떡 일어나 2층에서부터 1층까지 소리 소리를 지르며 뛰어나갔다. 깊은 잠을 자던 30여 명의 형제들이 벌떡 일어나 정신없이 따라 나가 보았더니 그 형제는 문을 부서져라 두드리며 악을 쓰고 있었다. 재빨리 다른 형제들이 부둥켜안고 안정을 시켰고, 온몸을 부들부들 떨면서 흘렸던 식은 땀은 점차 고른 숨소리와 함께 사라지고 있었다. 악몽에 시달렸던 것이다.

이 형제는 매일 밤 무서운 괴한에게, 혹은 마귀에게 쫓기는 꿈을 꾼다고 한다. 가끔 너무 무서워서 잠꼬대로 소리를 지르기도 하고 허공을 휘젓기도 하는데, 심할 때에는 현실과 꿈이 구분이 안 될 정도로 혼란스러워진다고 한다.

이러한 일들은 나눔에서 흔히 볼 수 있는 일이다. 약물을 접한 사람들은 공통적으로 악몽에 시달리거나 혼자 있을 때엔 귀신을 본다. 나는 이들이 분명 영의 세계를 드나들기 때문이며, 악한 영들이 그 사람들을 결박시키고 있다고 확신한다.

이것은 오늘날 약물이 사탄의 가장 큰 무기로 사용 된다는 것을 증명하고 있는 것이다.

그러므로 우리는 깨어 있어야 한다. 사탄의 무기를 대적할 수 있는 힘을 길러야 한다.

나는 예전에 약물이라는 것을 전혀 몰랐지만 나눔선교회 사역을 하면서 너무나 많은 일들, 소름끼치고 무서운 일들을 수없이 경험하였다. 더욱이 청소년들이 약물로 인하여 온갖 범죄를 저지르고 약물로 인한 정신질환으로 고통을 받으며 상상하지도 못할 일들이 벌어지고 있는 것을 눈으로 확인하고 그저 멍하니 입만 벌리고 있을 수는 없다고 생각했고, 이에 대적하기 위하여 오늘도 나의 온 힘을 다해 약물과 싸우는데 열심을 다하고 있다.

바로 그 일환으로 나눔선교회에서는 약물에 대하여 아무 관심도 없는 우리 한인 부모님들에게 약물이 얼마나 무서운 것인가 알리고, 이를 통해 한 생명이라도 약물로 인하여 실족하게 되는 것을 막기 위해 그 동안 있었던 사례와 약물에 대한 간단한 정보를 소개하고자 한다.

이 책이 보다 널리 알려지고 전달되어서, 한 사람이라도 더 약물로 인하여 고통당하는 것을 막을 수 있었으면 하는 바램이다.

그것이 바로 주님의 나라를 확장시키는 것이라고 확신하기 때문이다.

김 영 일 목사
(나눔선교회 공동 대표. 미주한인 마약퇴치센터 재활 담당)

서 문

너무나 중요한 문제

　하나님의 은혜를 체험한 뒤 얼마 안 되어서 '내가 약물로 인하여 고통을 받았으니 나와 같은 이들을 위하여 열심히 복음을 증거하여야겠다' 라는 결단을 하고 오라는 곳은 가리지 않고 그야말로 죽기를 각오하고 이곳저곳을 다니고 있을 때였다. 어느 부부가 약물을 한다는 소리를 접하고 그 집을 찾아갔다. 남편의 검은 눈동자는 눈 위로 바짝 올라붙어 거의 흰눈동자로 나를 쳐다보고 있었고, 그 아내는 마치 부러질 것 같은 가냘픈 몸매였다. 그녀의 게슴츠레한 눈은 쭉 치켜올라갔으, 시퍼런 눈빛이 늘심승보다 더 무서운 섬뜩함으로 나를 쩨려보고 있었는데 그 분위기는 머리카락 끝까지 곤두설 정도로 나를 긴장시켰다.

　더욱이 그녀가 나를 향해서 거침없이 쏟아붓는 말 한마디 한마디는 온몸에 소름이 끼쳐서 나를 주체할 수가 없었다. 그때는 하나님의 은혜를 받은 직후였기에 어떻게 기도해야 하는지 이때 적절한 말씀은 어떤 것인지 전혀 알지 못했지만 무작정 성경을 폈고, 그 말씀은 로마서였다. 큰소리로 내가 읽으려 하니 성경을 전혀 보지 않고 읽고자 하는 말씀을 여자는 줄줄이 읽어 내려가는 것이었다.

그뿐인가. 몇 년 전, 하나님을 만나기 바로 직전 LA 어느 한 호텔에서 약을 하고 있을 때 사람이 아닌 그 어떤 존재와 수많은 대화를 나누었던 적이 있었다. 그는 나의 속마음까지 알았으며 내가 어떤 나쁜 생각을 하고 있었고 그것을 어떻게 실행하면 감쪽같이 아무도 모르게 할 수 있다고 가르쳐 주었던 이였다. 그때의 일은 그 누구도 모른다. 그것은 그 누구에게도 이야기하지 않았던 사실이었기 때문이다. 그런데 바로 그날 있었던 이야기들을 그녀가 지금 내 앞에서 그대로 나에게 이야기하고 있는 것이 아닌가? 호텔 이름, 방 번호 심지어는 날짜까지… 숨이 막혀서 죽을 것만 같았다. 찬 공기가 온 방안을 둘러싸고 있었으며 그녀의 성경책 위에는 커다랗고 시퍼런 날이 선 가위가 금방이라도 나의 목을 뚫어버릴 듯이 놓여져 있었다. 또한 그녀의 말소리는 언젠가 들었던 적이 있었던 귀에 익은 목소리였으며 큰소리로 말했다. "나를 모르겠는가? 내가 바로 너와 그때 이야기했던 바로 그"라고…. 나는 너무나 당황스럽고 차라리 기절하였으면 하는 심정이었으나 정신을 가다듬고 큰소리로 기도하기 시작했다. 어느 정도 시간이 흘렀는지 온몸은 땀으로 목욕을 하고 있었으며, 그들 두 부부는 소파 한쪽 구석에서 입에 거품을 물고 사지가 뒤틀려 쓰러져 있었다. 어느새 시간은 새벽 4시를 지나고 있었다. 약 3시간을 쉬지 않고 기도했던 것이다. 내가 생각하기에는 단 몇 분에 불과했던 것 같았는데…. 나는 열심히 찬물을 퍼와서 그들의 얼굴에 문질렀고, 깨어나도록 얼굴을 두드렸다. 그들은 깨어나서는 깜짝놀라는 얼굴로 "여기 무슨 일이세요? 누구세요?"라고 묻는 것이었다. 난 가끔 이러한 믿겨지지 않는 체험을 하곤 한다. 설명할 수 없는 일들이 너무나 많이 일어난다는 것이다. 그것은 마약 안에서만이 일어날 수 있는 일들이기에, 이러한 심각한 사실을 널리 알리고 이를 통하여 많은 이들이 약물이 어떠한 것인가를 인식할 수 있도록 돕고자 한다. 이제 약물은 더 이상 다른 이들의 이야기가 아닌 우리 주변에서, 내 가족 중에서도 얼마든지 접할 수 있는 것이며, 이를 부추기는 조건들이 사회에는 널려 있다는 사실을 염두에 두기를 간절히 소원한다. 이 책자가 만들어지기까지 수고해 주신 많은 분들, 특별히 나눔의 여러 식구들과 어떠한 고생도 마다않고 묵묵히 함께 이 힘들고 고달픈 사역을 동행해 주시는 김영일 목사님, 그리고 수고하시는 나눔의 교역자님들, 책이 발행이 되기까지 도움을 주신 인진한 목사님께 깊은 감사를 드린다.

한 영 호 목사
(나눔선교회 공동 대표. 미주 한인 마약퇴치센터 상담 및 예방 담당)

나눔일기

가슴아픈 고백

　잠시 나는 이상한 세계 속에서 또 다른 나를 보았다. 그냥 뻣뻣하게 누워 횅하니 푹 들어간 눈 자국과 일그러진 입술 위로 떨어지는 또 다른 나의 시선이 '과연 이게 무슨 일인가?' 하는 의문조차도 갖지 못하는 그야말로 희한한 경험을 하게 만든 것이었다. 나는 아무런 생각도 들지 않았으며, 어디로 가야 하는지도 모르는 채 그저 '무' 의 상태였다. 식구도, 친구도, 자녀도, 심지어 내 존재조차도 생각할 수 없는, 표현조차 할 수 없는 그런 상태였다.

　한동안의 시간이 흐르고 어렴풋이 머리 속이 아프다는 느낌이 들기 시작하며 온몸이 찌뿌둥해지기 시작했을때 '내가 또 살았구나!' 라는 것을 느꼈다. 눈을 뜨자 메식거리는 위의 쓰라림으로 고통스러워 뒤뚱거리며 화장실로 뛰어갔고, 좁디좁은 모텔 방 한쪽 구석의 변기를 붙잡고 욱욱거리며 엄청난 양의 피를 토하기 시작했다. 얼마나 변기 속에 얼굴을 처박고 있었을까? 조금은 속이 추스려진 것 같아서 간신히 몸을 일으켜 거울을 보았을 때 웬 괴기 영화 속의 주인공이 서 있는 것이 아닌가? 나의 얼굴, 몸, 전체가 완전히 피투성이였다. 쭉 찢어진 눈매가 더욱 험악해 보였고, 삼사일 썩다가 깨어난 시체처럼 검은 그림자가 드리워져 있는 나 자신의 모습은 보기에 섬뜩한 그런 몰골이었다. '내가 살았구나. 정말 죽는 것조차도 마음대로 되지 않고… 이 세상에 과연 하나님이라는 것이 존재한다는 것인가? 만일 정말 하나님이 있다면 지금 나에게 당신을 보여달라. 아니 내 병만 고쳐달라. 나에게 마약, 이 마약만 하지 않게 해줄 수 있다면 난 이제 하나님 당신만을 위해서 살겠다.'

나는 하나님을 믿지 않는 인간이었다. 그러나 어쩌다가 식구들의 손에 이끌리어 교회에 가끔 나갔었고, 나갈 때마다 마약을 판 돈을 그래도 내 한쪽 구석의 작은 영혼에 혹시라도 도움이 될까 해서 잡히는 대로 헌금이라는 것을 해본 적은 있었지만 보이지 않는 하나님을 믿을 바에 차라리 내 주먹을 믿는 것이 낫다라고 생각하는 그런 부류의 인간이었다. 하나님이라는 존재와 교회라는 곳은 단지 나의 마약 중독을 커버해줄 수 있도록 이용하기 위한 목적으로 잠시 나가 본 곳이었을 뿐이나. 그런데 그런 하나님을 난 그때 만난 것이다. 심한 마약중독으로 크랙이라는 코케인의 한 종류인 약물을 복용하지 않으면 손이 떨려서 국을 먹지 못하던 내가 마지막으로 살고 싶어서 몸부림치다가 살 수 없음을 깨닫고 결국 자살을 했었던 것인데. 죽음! 죽음! 죽음! 이 죽음 속에서 나는 영의 세계를 체험했고, 육신과 영혼의 분리를 느꼈던 것이다.

피투성이의 몸둥이를 욕조로 가져가 무릎을 꿇었고, 난 생전 처음 기도라는 것을 해보았다. "하나님! 죽는 것도 마음대로 되지 않습니다. 그러나 마약중독자로 평생을 어떻게 살 수가 있겠습니까? 하나님! 나에게 마약을 끊을 수 있도록 해주세요. 만일 내가 약을 끊을 수가 있다면 당신을 위해서 무엇이든 다 하겠습니다." 어떻게 기도하는 것인지도 모르지만 유치할 정도로 솔직하게 하나님께 빌었다. 아니 전심을 다하여 매달렸다. 진실로 매달렸다. 그것이 내가 마지막 할 수 있는 일이었기 때문이다.

그러나 우리 하나님은 그 이상의 축복을 내게 허락하셨다. 이러한 내가 받고, 보고, 느꼈던 이 모든 것들을 인간의 글로써 과연 어떻게 표현을 해야 할지 모르겠지만, 샤워의 물줄기는 뜨거운 성령의 줄기가 되어 내 몸과 마음을 파고들었고, 뜨거워서 미칠 것 같은 불덩이가 가슴을 때리는 순간 믿는 이들이 말하는 천국과 지옥이라는 곳을 보았다. 동시에 우리 하나님의 음성이 한마디 한마디씩 나의 심장 속으로 들어와 떨리도록 흔드는 것을 느꼈다. "네 죄 사함을 받았느니라." 그리고 "나의 달려갈 길과 주 예수께 받은 사명 곧 하나님의 은혜의 복음 증거하는 일을 마치려 함에는 나의 생명을 조금도 귀한 것으로 여기지 아니하노라"(행 20:24) 이 말씀은 후에 사도행전의 말씀이라는 것을 알았지만 그때는 과연 그 말씀이 무엇인지조차도 깨닫지 못했다. 그러나 그 시간은 새로운 나의 삶이 시작되는 순간이었다.

나는 유식하지 못하다. 내가 아는 것은 살기 위하여 남보다 조금은 많이 싸웠고 약간의 거짓으로 얼룩져진 생활들, 내가 가장 사랑했던 기타, 그리고 마약뿐이었다. 많은 사람들은 나를 딴따라로 불렀고, 무시하며 두려워하기도 했다. 내 삶 자체가 결코 인정받는 삶은 아니었기에 어쩌면 나는 이렇게 마약 중독자의 길로 갈 수밖에 없었는지도 모른다. 그런 나를 하나님은 강권적으로 택하셨고 신학교에 가게 하셨다. 지금은 목사로서 약물에 중독된 이들을 주 앞에 인도하는 일을 하도록 만드셨다. 바로 쾌락이 만연한 오늘날에 도구로 쓰시기를 원하셨던 것이다. 그러므로 나는 주의 인도하심에 순종하는 마음으로, 부족하지만 보다 많은 이들에게, 특별히 우리 청소년들의 부모들에게 청소년들을 통하여 나타나는 사탄의 강력한 역사를 알리고자 한다. 내가 가진 모든 지식과 나의 경험 그리고 300여 건이 넘는 청소년 상담을 기초로 우리의 아이들이 어떠한 생각과 어떠한 과정을 통하여 타락하는지, 또 어떠한 결과를 초래하는지, 예방하는 방법은 어떠한 것인지에 대하여 말하고 싶다. 그러나 나의 잘못된 청년기로 무식함이 자리를 잡았고 이로 인하여 자칫 오해나 전달이 잘못되지 않기를 바란다. 부족함을 드러내는 용기만으로 실수가 용납되어진다고는 생각하지 않으나, 그래도 단 한 가지라도 가정과 자녀를 키우는 데 도움을 줄 수 있기를 간절히 바라는 마음만 가득할 뿐이다.

얼마 전 LA에서 조금 떨어진 OT지역에 자리한 한 한인교회에 청소년 세미나를 하려고 방문을 했을 때, 그 중 몇몇 청소년 아이들이 약물을 상습적으로 복용하고 있다는 것을 알 수가 있었다. 그것은 그들이 숨기려 하여도 나처럼 약물을 접해 본 사람들이라면 누가 약을 사용하는지 금방 알 수 있는 간단한 일로서 말로 표현하기 힘든 이상스런 분별력이다. 그렇다고 약을 복용하는 이들이 특별히 외부적으로 금방 알 수 있는 어떠한 증상이 나타나는 것은 아니다. 물론 오랜 시간 동안 약을 하다 보면 그 증상이 서서히 시작되지만, 우리가 흔히 TV나 영화에서 보는 것처럼 몸을 부들부들 떤다든가, 심한 자학증상, 자해 현상 등 표면적 현상이 일어나기까지는 꽤 많은 시간 동안 약물을 쉬지 않고 할 때 일어난다는 것을 우선 염두에 두기를 바란다. 그 청소년들을 돕고자 매주일 오후에 두 번 정도 방문을 했을 때, 그 교회 청소년 세명이 마약 소지 혐의로 검거되었다. 검거된 아이 중 한 명은 목사님 아들이었고, 한 명은 장로님 아들, 그리고 다른 한 명은 안수 집사님의 아들이었다. 이들 모두 교회에서 신앙생활을 잘하는 외적으로 보기에는 아무런 문제를 일으킬 것 같지 않은 아이들이었다. 당황해 하는 목사님과 장로님, 집사님을 보면서 우리 부모들이 바라보는 시선을 우리의 청소년들은 얼마든지 비껴 나갈 수 있음을 다시 한 번 실감하게 되었다. 물론 형량을 살 정도로 심각한 양의 마약을 소지하지는 않았지만 개인적 경험으로 미루어 보아 이 청소년들은 몇 년 이상 마약에 손을 대고 있었으며, 벌써 중독의 단계에 들어섰다는 것을 느낄 수가 있었다. 앞으로 어떻게 그 아이들을 인도해야 하는가에 대한 걱정과 창피스러움이 목사님을 무척이나 당황하게 한 일이었다. 그러나 이러한 일들은 반드시 어느 문제있는 가정에서만 일어나는 것이 아니라 누구에게나, 어느 가정이나 일어날 수 있는 일이라는 것을 반드시 기억해야 할 것이다. 그것은 오늘날 우리는 상실의 시대를 살아가고 있기 때문이다. 윤리를 잃고, 도덕을 잃고, 이상을 잃고, 진리를 잃어버리고 있다. 정직을 잃고, 신용을 잃고,

신앙을 잃어가는 이 시대는 관계까지도 잃어버리게 하고 있다. 부모와 자식, 친구와 친구, 부부, 선생과 제자 등등의 인간관계가 급격히 얄팍해지며 서로를 신뢰할 수 없는 공간으로 서서히 알지 못하고 느끼지 못하는 사이에 우리를 밀어 내고 있다. 이러한 관계에서의 불투명한 것들을 만족시키고자 현대는 많은 사람들이 문화와 각종 발달된 기계 속에 삶을 의지하면서 살아가게 된다. 또한 과거 속의 삶처럼 우리들의 인생이 단순히 의식주에 매달려 사는 것이 아니라 의식주 이외 더 많은 사치를 지나치게 요구하고 있다. 이것은 생활의 윤택함과 더불어 풍부한 물질로 인하여 나타나는 하나의 사회적 현상이며, 본래 쾌락을 추구하는 인간의 동물적 기본 욕구가 앞서 말한 것들의 상실로 개인적 이기심을 최대한 드러내기 때문인 것이다. 바로 이러한 현상들을 통하여 나타나는 것들 중의 하나가 약물, 알코올, 담배, 도박 등이라는 것이다. 점차적으로 쾌락을 추구하는 문화가 레크리에이션 등 오락 문화를 형성해 나가는 것을 바라보면서 오늘날의 현실이 미처 느끼지 못할 정도로 서서히 잘못되어 가고 있다는 사실을 말선하게 된다. 이러한 잘못된 문화와 가치관 때문에 우리들은 말초신경을 더욱 자극하는 것을 추구하게 된다. 쾌락이라는 순간적 즐거움은 어김없이 영화, 도서, 음악 등 정서적 측면에 범람해 들어오고 우리의 생활은 균형을 잃게 되며, 삶의 목표를 어디에 두어야 할지를 고민하게 만드는 혼란한 세상이 되고 말았다.

  법적으로 성인이라고 칭하는 사람들도 이러한 잘못된 문화 속에 어김없이 휩쓸려 가는데, 아직까지 정신적, 육체적으로 성장하지 못한 우리의 청소년들이 갈 바를 알지 못하고 휘청거리게 되는 것은 당연한 일인 것이다. 그러므로 우리의 청소년들에게 뚜렷한 지표가 없을 때 그들의 삶의 방향은 이성을 잃어버릴 수밖에 없는 현실에 직면하게 된다. 지금 우리의 청소년들에게는 인간이 가지고 있는 본성에 집착할 수밖에 없는 조건과 환경이 부여되어 있다. 바로 이곳에서 잘못된 윤리관, 도덕관, 신앙관 등의 싹이 자라나게 되며, 이로 인하여 성의 관념이 무너지고 생명의 존귀함을 잃게 된다. 그러므로 삶의 가치를 즐거움에 두고 추구하다간 결국 약물까지도 손을 대게 되는 결과를 초래한다.

실로 이 사역을 통하여 나 자신도 놀라움을 금치 못하는 것은 약물을 바라보는 우리의 청소년들이 그 심각성을 느끼지 못한 채 별 것 아닌 것으로 받아들인다는 것이다. 할 수도 있고 안 할 수도 있는, 그리 문제라고 할 수 없는 하나의 취미, 어떠한 물질, 식품 그 이상도 이하도 아닌 그저 무감각하게 받아들이는…. 참으로 기이한 현상이다. 요즈음 한국에서도 많은 청소년들이 본드와 부탄가스로 인하여 각종 범죄와 비행을 일삼고 있다는 사실을 우리는 뉴스와 신문지상을 통하여 보고 있다. 이뿐인가? 연예가에 인기 힙합그룹인 업타운, 댄스그룹 드렁큰 타이거 등이 엑스타시와 히로뽕등을 복용한 혐의로 구속되었다. 그러나 이러한 보도는 빙산의 일각일뿐임을 인식해야 한다. 꼭 본드를 한다고 해서 부탄가스를 한다고 해서 그들의 삶이, 아니 그들의 생활이 범죄와 비행으로 반드시 연결되지는 않는다는 것이다. 이는 보편적으로 누구나 다 할 수 있다는 사실로, 설령 그 아이들이 공부도 잘하고 얌전한 학생이라 할지라도 가능하다는 것을 우린 먼저 인식해야 할 필요가 있다. 현재 LA에서는 대마초를 경험해본 청소년들이 거의 90%에 이르고 있다. 이러한 사실을 뒷받침이라도 하듯이 LA동부 다이아몬드바 지역의 D명문 고등학교에서 마리화나 흡연 한인 학생이 무더기로 징계처분을 받은 일이 있다. 또한 쉬쉬 하는 학교 당국의 말을 따르면 징계처분을 받은 한인 청소년들이 다른 한인 청소년들도 많이 하는데 왜 자신들만 징계를 받아야 하는지에 불만을 토로한 관계로 한인 청소년들을 상대로 무작위 소변검사를 실시할 예정이라는 소식을 접했다. 과연 이 아이들이 모두 문제 청소년이냐는 것이다. 지난 98년 10월 청소년들 무작위 200여 명을 대상으로 한 설문조사 결과 90% 이상의 청소년 아이들이 대마초를 사용했었고, 많은 숫자가 지속적으로 대마초를 사용한다는 사실이 입증된 바 있으며 심각한 약물, 즉 마약이라고 불리우는 것을 습관적으로 사용하는 아이들이 지역에 따라서 70% 이상, 50% 이상, 30% 이상이라는 통계는 우리의 청소년들이 이 약물로부터 결코 안전하지 못하다는 사실을 증명한 것이다. 비록 약물과는 전혀 무관한 청소년이라 할지라도 주변의 환경, 즉 약물에 대한 환경과 잦은 접촉이 계속 될 때, 상대석으로 약물을 알 수 있는 확률이 높아간다는 것이다.

실제적으로 많은 아이들이 이러한 약물의 유혹을 받아보았으며 이를 당연한 과정으로 여기고 있다는 것을 우리 부모들은 전혀 모르고 있고, 이들은 학교와 친구들에게 많은 정보들을 주고받는다는 것도 알지 못한다. 반드시 약물을 하지 않는다 해도 약물에 대한 기본 상식이 일반인들의 수준을 훨씬 뛰어넘고 있으며, 우리 기성세대의 약에 대한 부정적 관념을 이상하게 여긴다는 것이다. 이러한 점들을 이해하지 못하는 청소년들은 기성세대를 무시하게 되고 설명할 가치조차도 느끼지 못하고 넘어간다는 것은 우리의 아이들이 부모들의 세대보다 훨씬 나쁜 환경에서 살아가고 있음을 말해주고 있다.

우리의 청소년들은 약물에 어떠한 종류가 있으며 그에 따라 어떠한 증상을 일으키는지, 또한 가격은 얼마이며, 어디서 구입이 가능한지, 또 어떻게 사용하는지, 누가 사용하고 있는지에 대하여 자세히 알고 있다. 비록 모른다 하여도 주변의 가까운 친구에게서 얼마든지 그만한 정보를 얻을 수 있다. 우리 부모의 세대는 약물에 일단 한번 손을 대게 되면 금방 중독의 현상이 일어나고 이를 통하여 잘못된 어떠한 결과를 바로 눈앞에서 목격하리라는 생각을 갖고 있음과는 달리 아이들은 그렇지 않다고 생각한다. 즉 어떠한 현상도 일어나지 않는다는 것이다. 물론 계속적으로 약물을 복용하게 될 때 일어나는 현상들을 배제하지는 않지만 그렇게 쉽고, 빠르게 인생을 뒤집어 놓지 않음을 알고 있다. 그러나 부모와 청소년들과의 약을 보는 관점의 차이가, 청소년들의 주관적 입장에서 부모가 약물을 잘못 이해하고 있다고 생각되어지고, 자신이 부모보다 더 많은 것을 알고 있다는 자만을 가져다 주고, 결국 이러한 자만은 더욱 위험한 생각들로 그릇된 길을 선택할 수 있는 기회를 보다 쉽게 제공하여 준다는 사실을 기억해야 한다.

(이 책은 한국 아이만을 전제로 한 것으로서 상담의 예도 한국 아이들만을 다룬 것임을 밝혀둔다.)

목 차
Contents

발간사	6
서 문	8
나눔일기	11
상담사례 case 1-6	23
청소년 그 존재의 소중함	52
청소년들이 주로 사용하는 마약 / 스피드	60
상담사례 case 7-19	63
청소년들이 주로 사용하는 마약 엑스타시와 Speccial k	102
상담사례 case 20-32	108
약물의 정의와 종류	149
어떻게 해야 하나요?	168
약물의 치료 방법	177
마약 사용여부를 진단하는 요령	194
나눔선교회 소개	196

CASE 1

◆ 성명 : KJ ◆ 나이 : 19세
◆ 성별 : 여 ◆ 학업성적 :
UCLA 재학중, 성적 매우 우수.

학교를 벗어나고 싶어요

　KJ는 학교에서 알아주는 재원으로써 공부도 잘하고 얌전해 보이는 아주 예쁜 여학생이다. 그러나 이 학생의 부모는 J가 코케인 중독자란 사실을 지금도 전혀 알지 못한다. J가 처음 코케인을 시작한 것은 17세 친구 생일파티에서 남자친구로부터 권유를 받았고, 그것을 하지 않으면 겁쟁이라는 놀림과 함께 즐거운 분위기를 망칠까봐 그 약을 거절하지 못하고 시작했다고 한다. 별다른 기분을 느끼지 못하고 '마약이라는 것이 별거 아니구나' 라는 생각이 들면서 얼마든지 해도 자신은 그 약에 중독되지 않을 자신이 있다고 자부하였다. 또한 중독된 이들이 얼마나 자신을 다스리지 못하는 약한 존재들인가란 의문을 갖게 되고 처음엔 약물을 조절할 수 있는 자기자신이 자랑스럽기까지 했다고 한다. 기분전환과 친구들과 어울리는 사교 정도로 시작한 코케인을 가끔 하다가 지금처럼 매일 사용하게 된 것은 몇 개월 전부터였다. J는 대학을 들어가고 전보다 많은 자유와 시간이 주어졌다. 그러나 J는 고통스럽기만 했다. 약값을 충당하기 위하여 얼마 전부터 친구의 소개로 30세 후반의 남자들을 상대하기 시작했다. 그들과 만나 자연스레 육체적 관계를 주고받으며 적게는 500불 에서 많게는 1,000불 이상도 받아보았다고 했다. 그 중 순진해 보이는 38세인 P씨에게 베버리에 있는 개인, 혹은 식구들끼리 휴식하는 개인별 욕조가 있는 S 온천장에서 코케인을 권유했고, 그 후 P씨에게 2번 정도 코케인을 건넸다고 한다. 지금은 P씨가 J를 피하는 것 같은 느낌을 받았기에 더 이상 연락은 안 하지만 아주 급했을 경우 돈을 한 번 요구한 적이 있었다고 했다.

나는 이러한 사실들을 과연 J의 부모님에게 알려야 할지 상당한 고민에 빠져 있다. 그것은 이 사실을 알리고 난 후 그 부모님들의 반응과 다음에 벌어질 결과가 좋은 매듭으로 연결이 될 수 있을시에 대한 의문을 갖고 있기 때문이다. 부모님들이 생각하기에 약물이라면 한국에서 보여지는 영화라든가 드라마에서 각종 범죄와 연결시키거나 아니면 완전히 자포자기한 타락된 인간상, 얼굴만 보아도 약물 중독자임을 금방 알 수 있는 이상한 증상을 보이는 이들을 상상한다. 그러므로 부모들은 자녀들의 약물 사용 여부를 외관상 앞서 말한 것들에 중점을 두기 때문에 오랜 시간이 흐르도록 눈치채지 못하고 미처 관심조차도 두지 않는다는 사실이다. 약물로 인하여 두드러지게 나타나는 현상들로 알아차렸을 때에는 그 아이는 상당히 심각한 상태에까지 빠져 있는 경우가 대부분이며, 그렇지 않다고 하더라도 놀라움과 어쩔 수 없는 분노의 상태까지 겹쳐서 자녀들을 더욱더 약물에 밀어넣어버리는 경우가 대부분이기 때문이다. 이러한 부모들의 생각에는 약물이란 아주 타락한 인간이 하는 최악의 것이며 이를 접하는 아이들은 흔히 말하는 문제아, 청소년 범죄자, 갱단원 등등 어떠한 문제들을 갖고 있어서 누구나 겉보기에도 알 수 있는 이들의 소유물로 대부분 부모들의 머리 속 깊이 뿌리내리고 있다는 사실이다. 그런 잘못된 시각이 지극히 평범한 이들은 결코 손대지 않을 금단의 물질이라고 단정짓게 된 것이다. 그러므로 다른 어떠한 이들이 약물에 손을 댈지라도 문제 없는 우리 아이 만큼은 결코 손대지 않는다는 잘못된 신념을 가지고 약물을 그저 다른 어떤 이들의 문제점으로, 나와는 상관없는 추상적인 명사로만 바라볼 수 있게 되는 것이다. 이렇듯 모르면 용감할 수 있다. '과연 약물이 나의 자녀를 피해 갈 수 있을까?' 평생을 아무런 유혹과 접촉 없이 살아갈 수 있다면 현대를 사는 우리에게는 무한한 축복일 것이다. 그러나 그것이 우리 부모의 세대에서는 가능하였을지 모르지만 우리 다음 세대인 지금의 청소년들에게는 절대로 그렇지 않다는 사실은 지금의 현실을 직시하는 이들이라면 누구나 공감하리라 생각된다. '결코 내 아이만큼은' 이러한 신념들이 수 없이 깨져 오고 있는 현실은 때론 우리의 삶을 비참하게 만들기도 한다.

    교과서나 책 속에서의 이론적이고 형이상학적인 심리학적, 비현실적인 이야기가 아니라 매우 절실했던 사건들, 실화들, 수많은 상담들이 이를 뒷받침하고 있기에 현실적인 수습대책과 예방이 시급하다는 것을 다시 한 번 절실히 느낀다. 미국에 거주하면서 LA를 모르는 이들은 아무도 없을 것이다. 아니 반드시 미국에 거주하지 않는다 할지라도 한인들 중 LA를 모르는 이들은 아마 깊은 산골 속에서 자연과 죽을 때까지 벗하며 지내는 이들뿐이라 생각되어진다. 만일 그러한 자연 속의 사람이라면 꼭 이 글과 접해야 할 하등의 필요와 이유가 없으리라 생각하기에 오늘의 현실을 미국 LA를 중심으로 다루어 나가고자 한다.

이곳은 다양한 인종과 복합적 문화가 어우러져 살아가고 있는 치열한 삶의 현장이다. 그러므로 다른 나라에 비하여 기회가 많이 주어질 뿐 아니라 사건도 쉬지 않고 일어나고 있는 곳이기도 하다. 이곳에 우리 한인들은 참으로 꿋꿋하게 뿌리를 내리고 살아가고 있으며, 그런대로 성공하여 나름대로 삶의 품격을 유지하며 살고 있다. 그러나 그저 일한 만큼 적당히 먹고사는 이들, 힘들게 일하고도 영주권문제나 언어 소통 등의 문제로 부적절한 대우를 받으며 간신히 생활하는 이들, 또한 일하지 않고 다른 방법을 통하여 삶을 유지하는 이들로 그세 구분되어지기도 한다.

이러한 다양한 인종과 갖가지 사건과 수많은 직업의 사람들이 모여 사는 곳에서 여러 계층의 사람들이 자녀를 교육시키기 위하여 학교라는 곳에 보내어 2세들의 삶을 보장받고자 한다. 이는 교육만이 지금보다 더 풍족한, 자신들이 그리는 삶을 보장받는 길이라는 생각에서 나온 것이다. 높은 학벌이 재력, 권력, 윤택한 삶을 가져온다고 굳게 믿는 우리의 부모들은 열심히 오늘도 내일도 공부에 신경

쓰고, 학교를 청소년기에 가장 큰 목적으로 삼아가고 있다. 여기서 부모가 한 가지 염두에 두어야 하는 것은 부모가 우리 주변의 내 자녀, 내 것만 잘되면 된다는 이기적인 마음이 자기중심적인 자녀교육을 가져왔고, 이러한 결과로 내가 좋으면 갖고, 뺏고, 무엇이든지 하고, 싫으면 때리고, 화내고, 총 쏘고, 죽이는 삭막한 세상을 만든 것은 아닌지 깊이 반성해야만 한다. 우리 한인 부모들이 주장하는 것은 좋은 학교, 공부 잘하는 것, 나중에 의사, 변호사, 박사 되는 것 등으로, 이러한 생각들을 자녀들에게 주입시킨다. 과연 공부만 잘하고 인간답지 못하게 자라난 아이들이 사회 곳곳에 중요한 자리를 차지하고 있다면, 앞으로 우리의 미래는 어떻게 될 것인가? 어떤 부모들은 자녀들이 고등학교 졸업장을 받지 못하게 되는 것이 너무나 두려워 문제아들만 모여서 다니는 학교라도 다니게 하여 졸업장을 받게 하려고 한다. 그러나 일반 학교에서 공부하지 않은 아이가 다른 학교를 간다고 공부를 잘하게 되지는 않는다는 것을 기억하기 바란다. 즉 여기에는 더 큰 유혹들이 많다는 것을 염두에 두어야 한다. 학교 졸업장을 주기 위하여 세워진 특수 학교는 각 학교에서 문제가 있는 이들이 다 모여 있는 곳이다. 그렇다면, 가지각색의 문제아들이 그곳에서 갱을 조직하고 범죄를 모의하며, 더 나쁜 정보를 주고받아서 비록 졸업장을 손에 쥐고 나올 수 있을지는 모르나 더욱 심각한 문제를 일으킬 수 있는 가능성이 있다는 사실이다. 이러한 학교 중심적인 부모들의 생각에 자녀들은 초등학교까지는 어쩔 수 없이 따라간다. 뿐만 아니라 학교 공부 이외에도 태권도, 검도, 야구, 농구, 수영, 스케이트, 골프 등 각종 스포츠와 피아노, 플루트, 기타, 바이올린, 첼로, 클라리넷 등 각종 음악들. 그뿐인가? 무용, 미술, 컴퓨터, 구몬 수학, 눈높이, SAT 학원 등 일일이 나열할 수도 없을 만큼 수없이 많은 종류의 취미생활 내지는 특기를 가르치는데 우리의 아이들은 '악' 소리 한 번 할 시간조차 없이 바쁘다. 부모들은 자녀들을 베토벤으로, 모차르트로 만들기에 , 박세리로, 피카소로 만들기에 참으로 눈물겨운 투쟁을 벌이고 있다. 그러나 과연 이런 것들을 원하는 우리의 아이들은 몇 퍼센트나 된단 말인가? 자신의 적성에 맞아서, 소질이 있어서 이러한 것을 즐겁고 고마움으로 하고 있는 우리의 아이들이 얼마나 있단 말인가? 그저 오직 내 아이 잘되기를 희망하는 우리 부모의 안타까운 심정으로 당신들의 허리가 휘는지도 모르는 부모들의 수고와 노력은 어디에서 찾을 수 있겠는가? 이것은 우리의 부모들이 인생의 목표를 잘살고 남에게 인정받는 데 두기 때문이라고 볼 수 있다. 그러브로 배움에 대한 개념은 나른 어떤 민족보다, 그 어떤 이들보다 깅하게 자리잡고 있다. 학교에 열심히 다니고, 문제 없이 공부 잘하는 것으로 남들과 구별시키며, 특별히 착하고 모든 면에 있어서 모범생이라고 인정하고 믿는다. 또한 학교에 대한 신뢰가 대단하여서 학교를 전인교육을 이루어 내는 작업장으로 믿고 있는 이들이 대부분이라는 것이다.

요즈음의 부모들은 교회는 안 가도 학교는 반드시 가야 한다라는 생각이 신앙처럼 자리하고 있음을 우린 심각하게 검토해 보아야 할 것이다. 물론 학교가 잘못

되었다고는 말할 수 없다. 그러나 역시 학교도 각계각층의 사람들이 모여 있는 사회 공동체의 한 부분이기에 그곳에서 좋은 영향을 받을 수도 있지만 반드시 좋은 것만을 배운다는 결론을 내리기란 매우 어렵다는 것이다. 인간은 환경에 많은 영향을 받는다. 그러한 영향은 좋은 것보다는 나쁜 것에 더욱 민감하다. 어떠한 나쁜 영향들이 사회 전반에 거쳐 밀려들어올 때, 학교라고 그 예외가 아님을 먼저 우리 부모들은 고려해야 한다는 것이다.

우리의 아이들은 보통 좋은 것과 나쁜 것을 골고루 학교에서부터 배워 나가기 시작한다. 단지 학교에서의 수업시간이 도덕과 윤리에 적지 않은 영향을 미쳐 바르게 판단하여 올바른 길로 가는 것을 유도한다는 것 또한 사실이지만, 결코 그 인생을 반드시 옳은 길로 끌고 나갈 수는 없다는 것도 사실이다. 그러나 우리 한인들의 관념 속에는, 학교는 반드시 가야 하는 곳이라는 것이 굳어져 있으며, 우리 자녀들의 생각 속에도 자리잡고 있기에 어느 정도의 시기 전까지는 학교라는 것에 대하여 좋든 싫든 상관없이 무조건적으로 받아들인다. 때문에 우리 한인 2세, 1.5세들은 부모의 뜻에 크게 반대하지 않고 그런대로 학교생활을 유지해 나간다. 그러나 문제는 대부분 학교에서 시작된다. 우리 아이의 주변 상황들을 부모들은 일일이 신경쓸 수가 없다. 그러므로 학교공동체에 우리 자녀가 속해 있는 시간만큼은 부모는 안심하고 자신의 생업에 전심을 기울이게 된다. 그러나 이러한 안심이 자칫 잘못하면 우리의 자녀들을 나쁜 습관에 빼앗길 수 있다는 사실을 숙지해야 한다. 우리의 청소년들은 과거 부모들의 생활방식과 습관과는 많이 다르다.

예를 들면 보릿고개, 몽당연필, 꽁당보리밥 등의 굶주린 세대를 이해하지 못한다. 쌀이 없으면 햄버거 먹으면 된다는 시대에 살고 있기에 우리 자녀들이 추구하는 삶에서 굶주림의 생활은 전혀 상상도 할 수 없는 세계이다. 그러므로 이들은 먹고 사는 것에 대한 어떠한 계획과 대책을 모색하기에 앞서서 나의 인생을 어떻게 멋있게 살 수 있는가에 비중을 두고 있다. 즉 미래의 의식주 설계에 대한 대책이 기성세대에 비하여 매우 약해진 반면, 어떻게 하면 쾌락과 문화의 산물을 마음껏 즐기며 살 수 있는가에 그 초점을 맞추고 있다는 것이다.

어떤 아이는 "우리 부모는 서울대를 나왔어요. 그런데 지금 청소를 하거든요. 그렇다면 왜 공부해요? 공부하고 청소할 바에야 난 지금부터 공부 안 하고 청소할래요." 다른 아이는 "우리 아빠는 하버드 대학 나왔는데요, 지금 세탁소해요. 그럴 바에야 지금부터 세탁소에서 일해 돈 벌어 빨리 세탁소 차리는 게 낫잖아요? 전 공부 안 할 거예요." 바로 이것이 기성세대와 현대 청소년들과의 벽인 것이다. 부모의 세대는 청소를 하고 세탁소를 해도 학벌을 나의 인생의 목표로 삼았다. 다만 먹고 사는 것 때문에 어쩔 수 없이 그 일을 하는 것 뿐이다. 반면 우리의 청소년들은 매우 현실적이고, 단순하게 바라보기에 부모의 세대가 한심해 보인다는 것이다. 이러한 사고들이 조금씩 싹터가는 시기가 바로 청소년기이다. 물론 그렇지 않은 자녀들도 많으리라고 생각하지만 대부분이 부모의 지나온 삶에 대해 부정적이며, 자녀에게 큰소리와 가끔 협박으로 군림하려는 부모에게, 때론 자녀에 대한 사랑이 너무 지나쳐 그 방법이 약간은 비굴해 보이는 부모에게 반항하고 싶은 충동이 일어난다. 이러한 충동은 가정에서 일어난 작은 일이라도 엄청난 사건처럼 확대 해석되어 자녀들을 타락하게 만드는 동기로까지 몰고 가기도 한다는 것을 기억하기 바란다. 이러한 아이들이 학교에서 자신과 생각과 뜻이 비슷한 이들끼리 만나게 되고, 이들은 친구라는 집단 안에서도 공통분모를 찾게 된다. 서로 무엇인가 통하는 것들을 찾아서 함께 어울리고 싶어하고 서로의 의견들을 들어주는 친구 이상의 질긴 끈으로 연결되기 시작하는 것이다. 여기에서 끝나는 것이 아니라 서로의 공통점이 모아져 분노가 되어 밖으로 표출될 때 어떤 나쁜 행동을 함께 취하게 된다. 동참한 상대일수록 서로 하나라는 형제의식을 강하게 심어주는데, 이러한 그룹들이 의리를 빙자하여 상대편 그룹들과 싸우고, 총으로 쏘고, 칼로 찌르게 된다. 이런 관계는 부모가 끼어들 수 없는 절대관계로 발전하는데 그 유대감은 식구 이상으로서 어른들은 보통 갱이라고 부르게 된다. 바로 이러한 만남과 일들이 학교를 통하여 이루어지게 되고 매일 반복적으로 모이는 학교라는 만남의 장소를 통하여 청소년들의 비균형적 관계가 일상적인 생활로 굳어진다.

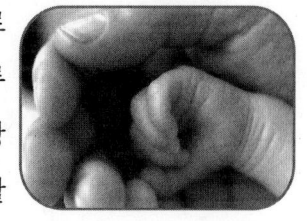

　최고의 학군을 자랑하는 I지역의 한 고등학교 어느 반의 경우 반 학생 중에서 신앙을 가진 두 명을 제외하고는 모두 흡연자라고 한다. 물론 외국 아이들도 포함시킨 것이지만 이곳에 한인들이 집중되어 있기에 대부분이 한인 학생임을 부인할 수 없다. 또한 얼마 전 신문에는 D시의 한 고등학교에서 15명의 마리화나 복용자들이 적발되었는데 그 중 10명이 한인이고, 5명이 중국 학생임이 보도되었으며, 뿐만 아니라 그들 중에는 성적 우수생들이 여럿 끼어 있었다. 이것이 부모들에게 충격일 수 있으나 그것은 단지 빙산의 일각임을 알아야 한다. 우리 청소년들이 좋은 영향보다는 좋지 못한 영향을 더욱 쉽게 받을 수밖에 없게 되고, 결국 나쁜 습관까지도 얻을 수 있는 장소로 학교가 이용되어질 수도 있다는 사실을 기억하기 바란다. 그러므로 당부하고 싶은 것은 학교에 대한 과대평가를 배제해 달라는 것이다. 물론 이러한 악영향을 생각한다면 누가 학교에 보내겠는가? 그러나 이러한 나쁜 영향도 하나의 공부이며, 이를 따르지 않고 거부하며 바른길을 갈 수 있도록 유도하는 것이 바로 학교뿐 아니라 우리 기독교와 부모들이 함께 노력해야 할 일인 것이다. 그러기 위하여 우리는 좀더 청소년들을 이해하고 알아야 할 필요가 있다.

'학교라는 울타리 안에서 규율에 어김없이 잘 따랐을 때 과연 그 학생이 올바른 인생관을 정립할 수 있는가?' '많은 자녀들이 학교생활 이후는 무엇을 하는가?' '수업 후에 무엇을 할 것인가?' '어디에 갈 것인가?' '누구를 만날 것인가?' 등등의 재미있고 흥분되는 사건들이 도처에서 우리 청소년들을 기다리고 있다. 이러한 것들에 청소년들의 초점이 모아질 때 문제가 시작된다. 이러한 출발이 미처 부모의 눈에 띄지 않았을 때 결국은 극단적인 사건까지 몰고 올 수 있다는 것을 인식하기 바란다. 청소년들은 시간이 있으면 음악을 듣고 비디오와 영화를 보며 당구를 친다, 차를 마신다, 친구들과 컴퓨터를 하는 등등의 일들은 보편적인 아이들의 생활이다. 그러나 중요한 것은 이러한 것들이 우리의 자녀들에게 어떠한 영향을 미치느냐는 것이다. 부모의 세대에는 그저 보는 것으로 만족했다. 내가 반드시 신데렐라가 되지 않더라도 대리만족으로 끝난 것에 비하여 요즈음의 청소년들은 자신이 직접 체험하고자 하는 강한 욕구를 느낀다. 그러므로 영화 속의 한 장면을 자기가 직접 연출해 보는 일들이 서서히 일어나고 있다. 그래서 신문과 뉴스, 그리고 영화를 보고 그대로 범죄를 저지르는 상황들이 나타나는 것이다. 문제는 이렇게 청소년들에게 큰 영향을 줄 수 있는 문화들이 과연 바람직한 것인가 하는 것이다. 마피아의 두목이 너무나 멋있게 보여지고 깡패의 행동이 정당화되고 약물과 도박이 남성의 강한 매력을 대표하는 듯한 내용들의 영화들 속에는 폭력이 난무하고 성이 상품화되며 갖은 욕설과 불만들이 가득 차 있다. 우리 아이들이 즐겨 듣는 음악들 속에도 정서적인 가치는 전혀 찾을 수 없고, 의미 없는 이상한 단어들과 말초신경을 자극하는 저급한 용어들이 나열되어 있다. 그 속에서 그들이 무엇을 배우고 무엇을 느끼겠는가? 이러한 것들은 어른들이 청소년을 이용하여 돈을 벌기 위한 수단과 방법으로 이용하기 시작하였기 때문이다. 나의 자녀는 그 속에 포함되지 않기를 바라면서도 다른 이들은 어찌 되었든 상관없다는 식의 그릇된 사고방식들은 결국 내 자녀까지도 병들게 하는 것이다. 세상이 병들고 청소년들이 죽어간다. 부모들은 자녀들에게 반드시 가르쳐야 할 것을 먼저 가르쳐야 한다. 윤리, 도덕, 부모 존경함, 어른 공경함을 가르쳐야 한다. 공부는 못 해도 학교 졸업장이 없어도, 먼저 참다운 인간이 될 때 부모들의 가슴이 내려앉는 소리를 들을 수 없는 날이 올 수 있다고 믿는다.

아울러 학업에 신경을 쓰는 것만큼, 자녀들은 학업을 부모와 싸우기 위한 무기로 삼는다는 것을 기억하기 바란다. 청소년들은 사방이 어둠에 사로잡혀 있다. 그야말로 무방비 상태에 놓여져 있다는 사실에 우리는 책임을 통감하고 앞으로 이를 어떻게 대처해야 하는지를 깊이 생각해야 한다.

청소년들과 약물이 상당히 가깝게 있다는 사실을 우리는 무시하고 있다. 아이들이 약물에 완전히 노출되어 있음을 알고 있는 부모들은 거의 전무하다. 학교에서 약물이 판매되고 있다는 것은 미국에서 공부한 이들이라면 누구나 아는 사실이지만 이민 온 부모 세대는 감히 상상도 못할 일이기 때문이다.

주로 아이들이 약물을 처음 접하는 곳은 학교이다. 학교에서 약을 보기도 하고 약을 가까이하는 아이들과 대화하기도 하며 약을 하는 모습을 목격하기도 한다. 물론 여기서 말하는 약에는 대마초도 포함되어진 것이다. 처음 우리 아이들이 이를 접했을 때는 충격과 이상한 기분이 교차되면서 그것에 환멸이나 더럽고 추한 것을 느끼기도 하지만, 이러한 생각들은 시간이 흐르면 점차적으로 사라져가고 담배나 술처럼 일상적인 생활의 한 습관으로 자연스럽게 받아들여지기 시작한다.

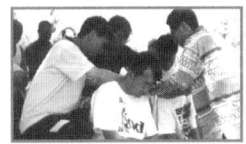

CASE 2

◆ 성명 : RS ◆ 나이 : 17세
◆ 성별 : 남 ◆ 학업성적 :
고등학교 재학 중, 매우 우수 / G班반이었음 (참고 : G班반이란 전학년에서 가장 뛰어난 아이들만 모아 특별히 공부를 하는반)

쉽게 다가오는 손길

선생들로부터 가장 우수한 아이라고 소문이 난 RS는 공부도 잘하고 운동도 잘하는 모범생이었다. RS는 부모의 이혼으로 인하여 보이지 않는 상처가 있는 학생이었지만, 누구도 그러한 사실을 RS가 심각하게 생각한다고 느낄 수 없을 정도로 활발하고 대인관계가 아주 좋은 학생이었다. 문제는 좋은 대인관계로 인하여 누구나 함께 친할 수 있었으며 누구에게든 친절하게 대하여 주었다는 것이다.

그러던 어느 날 한 친구의 시험공부를 도와 주면서 그 아이와 가깝게 지내게 되었고, 그 친구가 습관적으로 대마초를 복용한다는 사실을 알게 되었다. 처음에는 이러한 사실들이 충격과 거리감으로 다가왔으나 그 친구의 사생활이라 생각하고 염두에 두지 않게 되었으며, 시간이 지날수록 자연스럽게 받아들일 수가 있었다. 그것은 친구가 대마초를 복용한다는 것만 빼고는 아무런 문제도 찾을 수 없는 평범한 학생이었기 때문이었다. 그날도 시험공부와 과제를 도와 주는데 대마초를 권유받게 되었다. 그러나 그 정도의 유혹은 RS에게 전혀 문제가 되지 않았다. 그렇지만 이러한 일들이 지속적으로 반복되고, 그러한 친구들과 어울리지 않으려 해도 매정하지 못하고 따뜻한 RS의 성격으로 인하여 딱 한 번만이라는 조건으로 2년 전 처음 대마초를 입에 대기 시작하였다.

처음 시작하면서는 자신이 얼마든지 이것을 이겨 나갈 수 있으며 문제가 되지 않게 할 자신이 있다고 생각하였지만, 한 번이 두 번이 되고 두 번이 세 번이 될 때 자신도 모르게 대마초에 서서히 빨려들어가는 것을 느끼기 시작했다고 했다. 그러면서 RS는 이 대마초를 하는 것이 자신의 환경을 잊기 위해서라는 동기를 부여하기 시작했다. 시간이 지날수록 처음 하던 친구보다 더욱 대마초를 사용하게 되었고, 이를 사용하면서 점차적으로 외향적인 성격까지도 내성적으로 바뀌기 시작하였다. 상담할 당시에는 학교 외에는 집 밖에 나가지도 않고 방에서 온종일 대마초와 컴퓨터에 매달려 온 시간을 보내고 있었다.

처음에 엄마는 그저 이 아이가 담배를 조금 많이 피운다고 생각했으며 공부를 너무 열심히 한다고 생각했다고 한다. 그러나 학업성적이 조금씩 부진해지기 시작하면서 심하게는 학교 수업시간 맨 뒤에 앉아서 대마초를 피운 후 가방 안에 그 연기를 품어내는 대담함까지 보이자 학교에서 처벌조치를 하였다. 이로 인하여 엄마는 자신의 아들이 대마초를 상습적으로 사용한다는 것을 알았던 것이다. RS는 현재도 대마초를 상습적으로 복용하지만 꾸준한 상담을 통하여 그 다음 단계인 마약으로의 접근을 막고 있는 상태이며, 많은 양의 대마초를 줄여 가고 있는 단계이다.

  우리는 이러한 상황의 청소년들을 상당히 많이 접하고 있다. 위와 같은 경우는 매우 양호한 상태이며 부모도 아는 상황에서 상담이 진행되어가고 있으므로 다른 큰 문제를 가져올 확률이 적지만, 부모 모르게 상습적으로 약물을 접하고 있는 아이들이 많은 것이 문제이다. 이들 중에는 간혹 불량한 아이들에게 강제로 권유 당하는 경우도 있다. 이들은 주로 돈이 많아 보이는 아이들에게 처음에는 유혹을 하거나 좋은 말로 접근한다. 거저 줄 테니까 한번 시험 삼아 해 보고 좋으면 하고 싫으면 하지 않아도 된다고 여유를 갖고 다가오기 시작한다. 그러나 이러한 것을 계속적으로 거절을 했을지라도 그들이 마음만 먹으면 어떠한 방법을 통해서라도 한 아이를 중독시키는 것은 매우 쉬운 일임을 명심해야 한다.

CASE 3
- 성명 : JK
- 나이 : 22세
- 성별 : 남
- 학업성적 : 고등학교 중퇴, 성적은 중상위를 유지했었음.

유혹의 시작

　JK의 일은 돌이킬 수 없는 지나간 이야기가 되어버린 사건이다. JK는 처음 이민와서 미국 사회의 인종차별에 대한 불만과 언어 소통에 대한 불안을 함께 느끼며 학교생활을 하고 있었다. 물론 알아듣지 못하는 영어 때문에 고생스럽고, 누구 하나 친절하게 대하여 주는 친구가 없었으므로 누구든지 JK에게 친절만 베풀어 준다면 친구로 지낼 수 있는 외로운 상황이있다.

　그날도 혼자서 점심을 먹고 있었고 친구로 지낼 수 있는 이들이 있는가를 눈여겨보고 있었는데, 어느 한국 학생인 듯한 남자아이가 싱글싱글 웃으며 오더란다. 누구를 보고 웃나 두리번거리는데 자기를 보고 웃으며 다가온다는 것을 알고 한편으로는 신나고 다른 한편으로는 창피하였다고 했다. 그 친구는 JK에게 다가오더니 '한국에서 온 지 얼마나 되었으며 아버지는 무엇을 하는 사람이고 식구는 얼마나 있는지' 등 비교적 자신에게 자세한 관심을 보내 왔다. JK는 너무나 좋아서 '친구가 생기는구나' 라는 즐거움으로 그 친구가 어떠한 아이인지 확인할 겨를도 없이 친하게 지내기로 마음먹고 날마다 그 친구와 같이 다니기 시작했다.

그러던 어느 날인가 이 친구가 알약 하나를 주면서 피워보라고 했다. 순간적으로 JK는 무엇인가 나쁜 것이라고 생각하고 거절을 하였다. 친구는 한 번만 해 보라고 계속적으로 권유했고, JK는 계속 거절했다. 그 후 며칠 동안 그 친구는 학교에서 만나도 본 척도 하지 않고 다른 아이들과 너무 친하게 낄낄거리며 지나갔다. JK가 아는 척을 해도 무시하고 모르는 척 지나가곤 했다. 그러다 어느 날인가부터 다시 자신에게 너무 친절하게 해 주곤 또 약을 권유하기 시작했다. 그러면서 만일 이 약을 하지 않으면 너와 나는 상관없는 사이이며, '친구란 함께 무엇이든 같이 하는 것' 이라고 협박을 했다. 그래서 한 번쯤은 괜찮겠지 하는 마음으로 약물에 처음 손을 대기 시작했다. 그러나 곧 약물은 JK의 몸과 마음을 지배하게 되었다. 물론 학교는 다니지 못하게 되었고, 부모들은 그제서야 JK가 약을 한다는 사실을 알게 되었다. 부모는 화도 내고 달래도 보며 여러 가지 방법을 동원했지만 그때마다 다시는 안 한다는 다짐에 계속 속을 수밖에 없었다.

상담하기 얼마 전에도 '다시는 하지 않겠다' 란 말을 믿고 아버지가 차를 잠시 빌려 주었는데 그 차를 타고 약을 구입하려다가 교통사고를 내게 되었다. 약을 한 상태에서 사고를 내는 바람에 결국 감옥 신세를 져야 했으며 다시 집으로 돌아왔을 때 겨우 JK를 만날 수 있었다. 상담을 통하여 JK가 약을 하게 된 동기를 알게 되었다. 이를 돕기 위하여 많은 시간이 필요함을 부모에게 설명하고, 생활도 중요하지만 더욱 중요한 것은 JK를 혼자 있게 하지 말기를 신신당부하였다. 그러나 오랜 기간 동안 JK의 문제에 지쳐 있었던 부모는 무조건 상담만 받으면 자신의 자녀가 하루아침에 뒤바뀔 줄 알았는지, '알아서 하겠지……'라는 생각으로 자신들은 거의 JK에게 신경을 쓰지 않았다. 또한 생활이 점점 어려워졌기에 부모는 더 많은 양의 청소를 할 수밖에 없었으므로 JK는 완전히 관심 밖으로 밀려나고 있었다. 그 후 상담한지 1개월도 되기 전, JK는 부모가 일을 나간 사이 혼자 집에서 약을 복용하다가 약물 과용 심장마비로 22세의 나이에 세상을 등지고 말았다.

    위와 같은 사례들은 수없이 많이 있다. 이는 어느 특정 청소년들만의 문제가 아닌 누구나 겪을 수 있는 일이라는 사실을 인식해야 한다. 미국, 특히 LA를 사는 우리 이민자들은 반드시 약물이라는 것에 대하여 알아야 하며, 우리 식구 일이 아니고 우리와 아는 그 누구의 일이 아니라 할지라도, 우리 청소년들이 범람하고 있는 약물이라는 환경 속에 있다는 것을 인정해야 한다. 그래서 이를 위해 우리가 어떻게 해 나가야 하는가를 배워 나가는 데 그 중요 관심을 두어야 한다.

CASE 4

◆ 성명 : WK ◆ 나이 : 21세
◆ 성별 : 남 ◆ 학업 :
           고등학교 졸업

죄책감과 후회

　WK는 성격이 매우 단순하면서 소박한 청년이었으며, 따뜻한 가슴을 갖고 있는 비교적 인간미가 넘치는 친구였다. WK가 약물에 손을 대기 시작한 것은 중학교 2학년쯤으로, 천성적으로 피부가 나빠서 피부병을 앓고 있었기 때문에 친구들과 자연스레 어울리지 못하고 따돌림당하는 상태였다. 또한 이 스트레스로 인해서 심각한 우울증에 걸렸으며 결국 정신병원에 약 1년 정도를 다녀와야만 했다.

　이후로 WK의 외로움은 더욱 심각해졌고, 특별히 엄마의 병적인 도박 때문에 가정의 불화는 끊일 날이 없었다. 또한 엄마는 툭하면 다른 남자와의 관계도 서슴지 않았는데, 엄마는 '아빠에게 알리면 죽여 버릴거야' 란 협박을 수도 없이 해대었다. 아빠는 무역업을 크게 하시기 때문에 해외출장이 잦았으며, 돈이 많았기 때문에 씀씀이가 헤픈 엄마의 나쁜 습관도 생각보다 크게 눈에 띄지 않았다. 간간이 발각이 되었을 때 자식들을 무기 삼아 자신을 방어하는 엄마를 WK는 미워하면서도 강한 연민의 정을 느낄 수밖에 없었다고 했다. 친구도 없었던 WK에게 그래도 위안이 되는 것은 여동생이었는데, 여동생 또한 문제가 많은 학생이었으므로 WK가 돌보아야 할 입장이었다.

아무런 즐거움도 없이 간신히 학교만 다니고 있었던 WK에게 한 친구가 관심을 보이며 친절하게 크랙이라는 코케인의 일종인 약물을 권유하였다. 그 이후로는 단 한 번도 쉬지 않고 약에 빠져서 '약 한번 실컷 해보고 죽었으면…….' 하는 소원으로 허덕거리며 살아왔다. 가족들이 하나같이 문제를 일으키는 것에 심한 스트레스를 받았던 아버지는 화병과 심한 정신적 고통으로 인하여 암에 걸리게 되었고 결국 자식의 앞날을 걱정하며 눈을 감고 말았다.

WK는 아버지의 죽음이 자신 때문이라고 자책하며, 견딜 수 없는 슬픔으로 스스로를 자학하면서 더욱더 많은 양의 약을 사용하였다. 장례식 날 많은 돈이 들어왔다. 평소 대인관계가 좋았던 아버지였기에 많은 이들이 슬퍼하였고 도움을 주었다. 그러나 그 돈을 일일이 다 챙긴 WK는 아버지의 죽음이 가장 큰 고통과 충격이었음에도 불구하고, 그 돈을 가지고 그 날로 약을 샀으며, 며칠을 약 속에 파묻혀 살았던 것이다. 약을 하면서도 스스로의 모습이 어처구니없어 울면서 약을 하였다고 한다. 자신이 죽이고 싶도록 미웠고 저주스러웠다.

지금도 그때를 생각하면 자신이 왜 그랬는지 정말로 후회스럽다고 한다. 이토록 약이라는 것은 인간이길 거부할 수 있을 정도로 무서운 것이다. 약이 아니라면 세상에 누가 아버지의 죽음 앞에서까지 이러한 일을 저지를 수가 있겠는가?

지금은 WK는 열심히 일을 하면서 하나님 말씀 안에서 열심히 살려고 노력하고 있다. 지나간 과거는 하나님 안에서 회개함으로 없어졌지만 스스로의 가슴속에 남아 있는 부모에 대한 죄책감은 지금도 WK 안에서 하루하루 더욱 짙게 나타나고 있다고 한다. 후회할 일임을 알면서도 우리의 젊은 청소년들은 그 순간의 유혹을 넘기기가 너무나 어렵기에 주변에서의 관심과 주의가 더욱더 요구되는 것이다.

CASE 5
- 성명 : PA
- 나이 : 18세
- 성별: 남
- 학업성적 : 고등학교 중퇴, 성적은 중상위를 유지했었음.

약이 무엇이길래

  어릴 때부터 워낙 다재다능했던 PA에게 부모가 거는 기대는 무척이나 컸다. 비싼 사립학교를 보냈으며, 하고 싶다는 취미 특별활동은 아무리 큰돈이 들어도 무조건 다 시켜 주었다. 특히 음악에 재능이 있었던 PA는 언제나 선생님들과 친구들의 관심을 모으며 최고의 인기 학생으로 군림했었다.

  부모들은 자녀의 앞길을 생각하다가 이민을 결심하고, 중학교 때 PA의 보다 나은 미래를 위하여 LA로 와서 최고의 사립학교를 보냈다. 상류 사회의 자녀들이 주로 모인다는 이 학교에서 PA는 잘난 척을 하고 싶었지만, 친구들이 말도 잘하지 못하고 듣지도 못하는 PA에게 관심을 가져준다는 것은 참으로 어려운 상황이었다.

  친구도 변변히 만들지 못하는 상황에 PA는 크게 실망하고 방황하기 시작했다. 그때 자신이 살던 아랫집에 2살 정도 위였던 한인 청소년 하나가 자신에게 주차장에서 해 보라며 처음으로 크랙을 권유하였다. 전혀 약에 대한 지식이 없었던 PA는 무조건 아무런 의심이나 두려움 없이 약을 사용하게 되었고, 그때부터 이 친구의 운전수 노릇, 망봐주기 등으로 한두 개씩 약을 얻어 피우기 시작했다.

한 1년 정도 지났을 때, 자신에게 약을 가르쳐 준 이 친구는 범죄에 연류되어 소년원에 수감되었고, 비슷한 시기에 PA는 아파트에서 주택으로 이사하였다. 환경의 변화 탓이었는지 한동안 약을 하지 않았다. 이사한 후 몇 달이 지났을까, 부모님이 마켓을 경영하고 있었는데 영어가 부족한 관계로 PA의 도움을 받기 시작했다. 문제는 리커 스토어에서 유리파이프, 스크린 등 약을 하는 데 사용하는 기구들을 팔고 있었다는 것이다. 이익이 매우 많이 남기 때문에 잘못된 일인 줄 알면서도 부모들은 푼돈에 현혹되어 물량을 많이 들여 놓고 팔았으며, 이 기구들은 불타나게 팔리고 있었다.

매일같이 술과 약 기구를 사러 오는 한 히스패닉이 하루는 PK에게 슬쩍 다가와서 모르는 척 약을 바닥에 떨어뜨렸다. 그러자 순간적으로 PK는 갈등했고, 그 유혹을 떨치지 못하고 그 멕시칸에게 지속적으로 약을 공급받게 되었다. 처음에는 약과 물건을 바꿔가며 하다가 나중에는 금고의 돈까지 건드리게 되었다. 이를 부모가 눈치채기까지는 꽤 오랜 시간이 걸렸고, 부모가 이 사실을 알게 되었을 때는 이미 걷잡을 수 없는 상태였다. 어떻게 해야 할지 모르는 부모들은 교회활동에 PA를 적극 참여시키고 찬양그룹에서 기타까지 치게 했지만,

오히려 이러한 교회의 봉사활동이 PA를 커버하는 데 도움을 주게 되었다. 많은 교인들은 참으로 신앙 좋은 아들을 두어서 얼마나 좋겠냐는 인사를 했다. 부모들이 정말 그런 줄로 착각하고 안심을 하고 있을 즈음, 어느 날 일터에서 돌아온 부모는 경악하였다. 집안의 가구가 하나도 남지 않고 없어진 것이다. 뒤진 흔적은 없어 도둑을 맞은 것 같지는 않았다. 집안을 살펴보다, 경찰에 신고하려는데 이웃의 한 아주머니가 이사 가지 않았냐고 묻는 것이었다. 무슨 소리인가 물으니 PA가 큰 이삿짐 트럭에 2-3명의 멕시칸들과 가구를 싣고 있는 것을 보았다는 것이다. 경찰에 신고도 못하고 끙끙 앓으며 PA를 찾아달라고 연락을 한 부모의 모습은 너무나 초라해 보였다.

과연 약이 무엇이길래 이 정도로까지 할 수 있는가라고 많은 이들은 의문을 가질지 모른다. 그러나 바로 내 식구까지도 외면할 수 있는 것이 바로 약의 영향이라는 것을 심각하게 생각하길 바란다.

며칠 후 PA를 흔히 말하는 약 골목에서 삽았다. 허섭시섭 노낭하는 PA의 뒤를 쫓아 등덜미를 잡는 순간 퍽하고 그대로 쓰러졌다. 수일을 약만하면서 먹지도 자지도 못하여 다리가 휘청거렸기 때문에 저항할 힘조차 없었던 PA는 그대로 힘없이 끌려서 부모에게로 인도되었다.

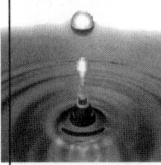

CASE 6

◆ 성명: JH ◆ 나이: 17세
◆ 성별: 여 ◆ 학업성적:
고등학교 재학 중, 성적은 중위권

희망의 약속

긴 생머리에 얌전한 아이로 교회에서 열심히 피아노 반주로 봉사를 하였고 믿음도 상당히 좋아 보이는 이 소녀는 이제 겨우 17살이었다. J의 아버지는 제법 큰 교회를 담임하고 계시는 목사님이었으며, 봉사하고 있던 교회도 아버지의 친구분이 인도하시는 교회였다. 이렇게 순진하게 보이는 소녀가 약물로 인하여 고통받고 있다고는 아무도 생각할 수 없었다. 그러나 J는 벌써 약물에 중독된 시간이 3년을 넘어서고 있었으며, 이로 인하여 가족과 떨어질 수밖에 없어 외지에서 생활하고 있었던 것이다. 오빠 또한 갱 멤버로 타락된 생활에서 벗어날 길이 전혀 없는 상황이었다.

그러던 어느 날 J가 울면서 필자를 찾아오게 된 동기는, 두어 달 전 크랙(코케인의 일종)에 취하여 정신없을 때 남자친구 이외 다른 3명의 남자들과 동시에 잠자리를 같이 하게 된 것이다. 이 때문에 J는 임신을 하게 되었으며 이를 어떻게 해야 할지 몰라 고민하고 울며 걱정하다가 모든 것을 고백하고 도움을 받아야겠다는 생각을 하였다는 것이다.

나는 이러한 고백을 들으면서 며칠을 고민하고 또 고민하였다. 하나님이 주신 그 생명을 어떻게 해야 하나……. J에게 그 생명을 낳으라고 하자니 아이의 아빠가 누구인지도 모르고, 뿐만 아니라 약에 취한 상태였으므로 거의 정상적인 아이일수 없기 때문이었다. 그렇다고 생명을 지울 수도 없는 노릇이었다. 이런 일은 전도 생활을 하면서 결정하기 가장 힘든 일 중의 하나였다. 나는 하나님의 뜻이 무엇인지 한참이나 생각하고 기도하다가 결국 J를 데리고 병원으로 갔다. 병원의 미국 의사는 나를 이상한 눈빛으로 바라보면서 앞으로 조심하라는 말과 함께 약간의 미소를 지었다. 18세 미만인 이 소녀에게 보호자였던 내가 갑자기 어색한 죄인이 된 것이다. 그날 J는 참 많이 울었다. 어떻게 위로를 해주어야 할지……. 그저 하나님의 말씀으로 위로를 하면서 앞으로의 생활에 대하여 타이르고 기도했을 뿐.

그리고 얼마를 지났을까? J에게서 아주 급한 연락이 왔다. 갱 단원들이 자신의 집에 총을 쏘면서 위협을 한 것이다. J가 자포 자기하는 심정으로 지나치게 약과 갱에 너무나 깊숙이 관여하였기 때문이었다. 이제 겨우 17세의 J는 너무나 많은 인생을 살았다. 나는 제일 먼저 J를 다른 곳으로 피신시키고, 오직 주를 믿음으로 붙잡는다면 약은 하고 싶어도 할 수 없게 될 것임을 눈물로 기도하며 이해시켰다. J도 살고 싶어했다. 그대로 간다면 죽을 수밖에 없음을 잘 알고 있었으며, 부모님의 끝임없는 눈물의 기도가 J의 마음을 움직이기 시작했다. J는 다시 부모님 곁으로 돌아갔고 몇 년이 지난 지금도 가끔 전화로 나에게 보람과 힘을 주는 아름다운 인생을 살아가고 있다.

이렇게 참으로 다행히 하나님의 크신 은혜로 다시 돌아오는 우리의 청소년들도 있다. 그러나 많은 것들을 잃어버리고 이후에 많은 대가를 치른다는 것을 반드시 기억해야만 한다. J는 이러한 사건들을 전혀 없었던 것같이 생활할 수는 없다. 가슴에 남아있는 고통과 매일 매일 싸운다고 한다. 그래도 새로운 삶을 받아들인다는 것이 너무나 기특하고 한없이 감사한 일임에 분명하다.

이처럼 많은 우리의 청소년들이 약물에 접해 있으며, 이 약물로 인하여 수없이 많은 비참한 경험을 하고 있다. 이러한 경험들로 자신의 소중한 부분 부분들을 완전히 잃어버리게 되기 때문이다. 젊은 날의 푸르른 희망 속에서의 아름다운 사랑과 도전을, 쾌락만을 추구하는 비참함으로 생각조차 못하게 되는 것이다.

한 달 전, LA근교에서 가장 잘 산다는 부촌 중에 하나인 LC지역에서 한 학생이 상담을 오게 되었다. 한인 학생들이 약 200여 명 있다는 그 지역은 그래도 한인들 중 성공한 이들이 자녀의 교육을 생각해서 이사하는 지역 중 하나이다. 그러나 '그 한인 200여 명 중 몇 명이나 약을 하고 있느냐?' 란 질문에 그 학생은 '약 하는 아이가 몇 명이냐고 묻지 말고, 약을 안 하는 아이들이 몇 명이냐고 물어보라' 고 하였다. 그 만큼 많은 아이들이 하고 있다는 뜻이었음을 알고 있었지만, 다시 "몇 명이나 약을 안 하느냐?"고 되물었다. 그러자 그 학생은 "손가락으로 셀 수 있을 정도?"라면서 "학교에서 약 안 하면 바보 취급 당해요"라고 대답하였다. 이 소리를 듣고 무척이나 당혹스러웠던 적이 있었다. 만일 그렇다면 나는 부모들에게 무엇이라고 이야기를 해야 하며, 또한 이러한 사실들을 어떻게 알려야 하나? 자칫 잘못 언론이라든가 교회, 학부모들에게 알려지게 되면 분명 잘 알지도 못하면서 '우리 아이는 절대로 그렇지 않아요.'라며 거센 반격이 올 것이 분명한데 과연 이러한 반격을 내가 감당할 수 있겠는가 자신이 없었다. 고민이 되었다. 진실을 밝히자니 그 후의 결과에 대한 대책이 없고, 또 가만히 있자니 이 세대에 하나님의 시키고자 하는 사역을 순종하지 아니하는 것 같고… 생각에 지쳐서 쓰러져 잠든 적이 한두 번이 아니었다.

  몇 개월 전에는 청소년 수련회가 있어서 강사로 초청이 되어 간적이 있었다. 중 고등부의 학생 수련회였는데, 필자가 도착했을 때에는 뜨거운 찬양과 기도로 그 분위기가 참으로 성령충만한 듯하였고 뒷줄에 앉아 학생아이들을 보니 찬양으로 우는 친구, 뜨겁게 소리 높여 기도하는 친구들이 대부분이었다. 나는 '아, 이 교회는 참으로 성령님이 강하게 역사하시는구나' 생각하고 옆에 앉아 있는 젊은 청소년 담당 전도사님에게 "참 뜨겁군요, 보기에 아름답습니다."라고 이야기하였다. 그 젊은 전도사님은 "그럼요, 우리 교회 아이들은 문제 일으키는 아이들이 전혀 없어요."라고 자랑스레 이야기했다. 잠시 후 강의 차례가 되어 앞에 섰는데, 어떻게 해야 하나 참으로 민망하였다. 50-60명은 족히 모였는데, 내가 보니 그 중에 반은 약을 하고 있는 학생들이었다. 앞에서도 이야기 했지만 약물을 접한 이들은 약을 하는 이들을 누구나 알아본다. 거기에 하나님이 주신 은사인지 이상하게도 나는 약을 하는 이들을 다른 이들보다 더욱 금방 알아볼 수 있다. 참담한 기분이었다.

학생들에게 나는 약을 하는 이들을 눈빛만 봐도 금방 알 수 있다고 이야기하자 많은 학생들이 모자를 눌러쓰고 머리를 숙였다. 강의가 끝난 후 더위를 식히려고 밖으로 나오자 여러 학생들이 나를 따라 나왔다. 그리고는 조용히 나를 불러 하나같이 "어--- 목사님 난 딱 3번밖에는 하지 않았어요." "어--- 나는 그냥 호기심에 몇 번 해본 것 뿐이에요." "우리 부모님께는 절대로 말하지 말아주세요." 라고 간청을 하였다. 이를 지켜보던 청소년 담당 전도사님은 너무나 놀랐고, 그 교회는 그날로 엄청난 파문이 오고 말았다. 물론 누구누구 약을 한다고까지 차마 말을 할 순 없었다.

지금도 고민이 되고 있는 것이 바로 이 일이다. 어느 교회든지 집회를 가면 그곳에서 약을 하는 이들을 만나게 된다. 그들이 아니라고 우겨도 내 눈에 비추어지는 그들은 분명 마약을 상습적으로 복용하고 있다. 그러나 그들 중의 부모님은 그 교회를 이끌어 나가는 중책을 맡은 장로님도 계시고 안수집사도 있다. 그 사실이 밝혀졌을 때 분명히 큰일이 벌어질 것은 불보듯 물보듯 뻔한 사건인 것이다. 그러니 얼마나 많은 청소년들이 약을 사용하겠냐는 것이다.

청소년, 그 존재의 소중함

요즘 청소년들은 예전처럼 담배를 숨어서 피우고 아버지가 들어오시면 냄새를 숨기기 위하여 온갖 방법을 동원하는 그런 순진했던 시절과는 다르다. 부모에 대한 어려움과 존경심이 없다. 특히 미국에서 성장한 청소년들은 자신의 주체성을 상실한 상태에서 몸만 커지고 있다. 물론 그렇지 않고 학교에서나 사회에서 열심히 생활하며, 한국인의 자랑스러움을 긍지와 자부심으로 보여 주는 청소년들도 상당히 많이 있다. 그러나 중요한 것은 청소년들의 대부분이 좋은 쪽에 치중하고 좋은 것을 배우고 발전시키기보다는 나쁜 쪽에 물들기 쉽고 더욱 재미를 느낄 수밖에 없는 시기임을 명심해야 한다는 점이다. 과거에는 어떤 특정 부류의 이들이 마약을 하고 떼를 지어 다니면서 나쁜 행동을 하였다. 대부분 일반인들은 두려움에 그들과는 대화조차도 피하고 손가락질하며 인간 취급조차도 하지 않았다. 그러나 언제부터인가 그러한 이들이 영웅 대접을 받으며 그들의 용기를 찬양하고 부러워하게 되었다는 것이다.

특히 청소년들 사이에선 선생님이나 그밖에 힘센 사람이나 높은 위치의 사람에게 대들면 그 아이는 친구들 사이에서 인정을 받는다. 이러한 잘못된 사고방식이 어디서부터 왔는지, 자유분방한 문화로 인하여 나타나는 현상이라 단순히 말하기에는 그 영향이 너무나 심각하다. 영화, 드라마, 음악, 신문, 매거진 등 각종 미디어의 홍수 속에서 밀려드는 거칠고 감각적인 문구들과 서슴지 않고 벗어 젖히는 나신 미녀들의 환상적 포즈들은, 인간의 감정이 노출될 수 있는 최대한의 약점들을 다 이용하고 있다고 보아야 한다. 이러한 것들은 지나친 상업주의의 한 단면을 보여 주는 것으로, 또 더 많은 돈을 벌어들이기 위한 수단으로써 사용되어지고 있으며, 말초신경을 누가 더 많이 자극하느냐에 따라 그 사업의 승패가 좌우되기도 한다. 위험이나 정서적으로 악영향을 미치는 것에 신경 쓸 여유가 없다. 많이 팔리고 그저 많은 이들이 재미있어 하면 되는 것이다. 유익을 생각하고 윤리와 도덕을 넘어선 지는 오래이고, 단지 단순히 웃고 단순히 슬프고 단순한 즐거움을 원하는 깊은 생각을 하기에 너무나 지쳐 있는 현대인들의 스트레스를 이용한 적당한 구실로 기막힌 블랙 코미디들이 연출되고 있는 실정인 것이다.

이러한 문화적 환경에서 자라나는 우리의 청소년들이 집에서 귀가 따갑게 듣고 자라는 내용이 무엇인가? "너 공부했니?" "숙제했니?" "밥 먹었니?" "먹고싶은 것 없니?" "너 어디 갔다 왔니?" "누구 만났니?" 주로 의식주에서 크게 벗어나지 않는 대화들뿐이다. 바로 이것이 커다란 문제인 것이다. 옛날 우리의 부모들은 대가족으로 살면서 할아버지 할머니 앞에서 무릎을 꿇고 앉았으며, 집안의 어른이 수저를 들기 전엔 아무리 배가 고파도 밥을 먹을 수가 없었다. 그것뿐인가? 들어가고 나가는 인사를 반드시 해야 했으며, 신발은 가지런히 몸가짐은 단정하게 말대답은커녕 어른에게 눈도 한번 똑바로 쳐다보지 못하며 생활했다. 이러한 가정교육이 청소년들에게 정서적이고 사상적, 윤리, 도덕적인 것들을 가르칠 수가 있었던 것이다.

그러나 지금은 부모들로부터 옛날의 전통적인 윤리, 도덕이라든가 예절을 보고, 듣고, 배우는 것이 아니라 주로 TV라는 미디어를 통하여 보게 되며, 이제는 컴퓨터를 통하여 배우게 된다. 영화 속에는 항상 악당이 멋지게 그려진다. 마피아 대부의 모습이 머리 속에서 지워지지 않고 있다. 유명가수의 자살을 환상적으로 표현해 놓았으며, 아름다운 남녀간의 사랑이 나이, 인종, 도덕을 넘어서 로맨틱하고 근사하게 보이기에 우리의 청소년들은 현혹되어갈 수밖에 없는 것이다.

이러한 매스 미디어로부터의 영향은 청소년들의 인생을 간섭하기 시작하며 여기에 부채질하는 역할을 우리 부모들이 한다는 것이다. 가르쳐야 할 것을 가르치지 못하고 "넌 커서 변호사가 되어야 해." "의사가 되렴." "아니야 교수가 되어야 해" "유명한 피아니스트." 등등 삶의 가치기준을 유명인 아니면 전문 직업을 가지고 사는 데 지장 없는 돈을 많이 벌 수 있는 직업관으로 청소년들을 몰아간다는 것이다. 부모들 중에 "너는 나중에 커서 남의 집을 깨끗하게 칠해 줄 수 있는 페인터가 되어라"라든가 "정직한 세탁소를 경영하는 사람이 되라"든가 "돈 계산을 정확하게 하는 케쉬어가 되라"는 부모는 거의 없다는 것이다. 성공이라는 단어를 반드시 돈하고 직결시키거나 사회적 지위와 연결시키기 때문이다. 그렇지만 우리 모두가 의사, 변호사, 교수가 될 수는 없다. 단지 몇 퍼센트만이 가능하다. 그러나 모든 부모들이 자신의 자녀가 그렇게 되기를 바라는 데에서 청소년들은 심한 부담과 스트레스를 받는다는 것이다. 부모로부터의 이러한 압력은 공부만 잘하면 모든 것이 해결되는 듯한 인상을 자녀에게 깊이 심어 주기 때문에 공부 외 다른 것들은 못 해도 된다는 생각들이 청소년들에게 새겨지게 된다.

  16세 된 P시에 사는 N군은 부모로부터 스피드라는 약물을 복용한다고 혼이 나자 부모에게 엄마, 아빠가 공부만 잘하면 된다고 하였기에 밤에 잠 안 자고 공부하려고 약을 좀 한 것이 뭐 그리 잘못이냐고 오히려 화를 내며 크게 대들었다. 또한 그는 자기만 약을 하는 것도 아니고 공부 잘하는 아이들이 다 잠 안 자려고 약을 한다며 부모에게 따질 때 부모는 할말을 잃었다는 이야기를 들은 적이 있다. 이처럼 가치관의 기준까지도 사회에서 올바른 사람으로 성장하는 것 보다는 잘먹고 잘사는 이의 기준으로 맞춰지기에 청소년들은 삶의 가치 기준을 잃어버리게 되는 것이다. 그렇기 때문에 자녀들은 부모 때문에 공부하고 부모 때문에 학교를 다닌다는 착각을 하게 되고, 공부를 잘할 때 우월감과 부모에게 큰 것을 베풀었다는 생각을 하게 되는 것이다. 이것으로 만족해 하는 부모들이 자녀들에게 마치 복제인간과도 같은 또 다른 나의 모습을 자신도 모르는 사이에 원하기에 자녀들은 스스로의 모습들을 잃어버리게 되는 것이다. 자아를 상실하게 될 때 느껴지는 비참함을 뭐라고 꼬집에 말할 수는 없지만, 알 수 없는 감정이 자녀들을 사로잡게 되고 어느 정도의 나이가 되었을 땐 스스로를 찾고자 해도 그때는 너무나도 부모의 간섭과 틀 속에 길들여졌기에 어쩔 수 없이 자신이 싫어지게 되는 것이다. 이것을 벗어나기 위한 방법으로 부모에게 순종하지 아니하고 방황하며 문제를 일으키게 되는 것이다.

이러한 것들이 잃어버린 가치 기준을 찾기 위하여 애쓰는 것이 아니라 그것을 핑계로 더욱 그들이 말하는 유쾌하고 즐기는 인생을 추구하게 한다. 그 쾌락적 도구에는 참으로 여러 가지가 있다. 마약도 있고 도박도 있을 것이고 술도 있을 것이며 남녀 관계적 타락도 있을 것이다. 이러한 것들에는 공통적으로 중독의 증상이 나타나고 있다. 할 수도 있고 안 할 수도 있는 것은 대부분 큰 문제가 되지 않는다. 그러나 반드시 꼭 해야만 하는 것들이 문제의 소지를 많이 갖고 있는 것인데, 내 개인적인 생각으로는 우리도 모르는 사이에 겉보기에는 정상인 듯한 것들에 현대인들이 더욱 심하게 중독되어 있지 않은가 생각된다. 누구나 좋아하는 돈의 경우가 가장 대표적이다. 참으로 많은 이들이 돈에 중독되어 있다.

그외 TV, 영화, 음악, 예쁜 옷, 구두, 멋진 차, 비디오를 즐겨보는 것, 맛있는 음식을 탐하는 것, 여행가고 싶어하는 것 등등. 사실 이러한 중독의 증상들이 가져오는 특정 결과가 그다지 눈에 띄지 않아서 그렇지 쇠사슬보다도 강한 중독이 얼마나 많은가? 이중에 보기에는 정상 같을지라도 그 상태가 가장 심한 것이 자녀에 대한 중독이 아닌가 생각한다. 자녀를 너무나 사랑하기에 자녀에 대한 집착과 정도 이상의 바램, 필요이상으로 쏟아붓는 정열, 어떠한 건방진 행동을 할지라도 귀엽게 넘어가 주는 이상한 사랑 방법 등.

한번은 어느 장로님 댁을 방문한 적이 있다. 개인적으로도 존경하는 분이었기에 그분의 가정 분위기가 무척이나 궁금하였다. 그래서 모든 것을 유심히 눈여겨 보게 되었다. 그러나 실망 아닌 실망을 할 수밖에 없었다. 늦은 시간 문을 열고 들어오는 10대의 그 집 아들 때문이었다. 큰소리로 문을 쾅하고 닫더니 신발을 차듯이 벗으며 들어오는 것이었다. 그러고는 고개만 까닥 인사를 하고 제방으로 쪼로록 올라가는데 엄마는 그 신발을 자연스레 가지런히 놓고 따라가면서 "밥 먹었니?" "숙제 다했니?" "뭣좀 먹고 바로 공부 할거지?"라고 묻고 있었다.

그러한 모습을 보면서 장로님을 살짝 쳐다보았더니 장로님은 자연스레 웃으며, "저놈이 아직 어려서요"하고 보통으로 넘기는 것이었다. 나는 너무나 이해가 되지 않는 부분이라 여기고, 아들이 자고 난 침대는 제대로 정리하는지, 밥 먹고 난 그릇은 치우는지, 부모가 안 계실 때 자신이 밥은 챙겨 먹는지, 자신이 입는 옷은 잘 개거나 걸어 놓는지 등에 관하여 물어보았다. 장로님은 어느 한 가지 아들이 하는 것은 없으며 모두를 엄마가 해준다고 말씀하시면서, "철이 들으면 지가 알아서 하겠지요……."하며 말꼬리를 흐리던 기억을 지울 수가 없다. 과연 우리는 무엇을 자녀들에게 가르쳐야 하는가? 공부하는 것만을 강요해야 하는가? 세상을 살아가면서 중요한 비중을 차지하는 것이 물론 학벌이요, 배움이다. 그러나 진정한 배움은 무엇인가? 그것은 어떠한 지식이 아니라 먼저는 하나님을 아는 지식이요, 그 다음은 우리가 하나님의 피조물로서 어떻게 세상을 살아야 하는가? 즉 인간답게 사는 것을 배우는 것이 중요한 것이다. 기본적인 교육이 되어 있을 때, 그 다음 과정으로 넘어갈 수가 있음을 부모세대들조차 착각하고 있다.

요즈음 청소년들은 생각하기를 싫어한다. 무엇인가 어렵고 힘든 일이 있을 때 피해가고 싶어하고 도피하고 싶어한다. 그들은 그저 순간의 기쁨이나 쾌락에 젖어드는 생활에 익숙해져 가고 있다. 그렇기에 그들은 자신이 누구인지에 대하여 고민하려 하지 않는다. 그들의 마음에 복잡한 생각의 여유가 없기 때문에 자아를 발견할 수가 없다. 자아발견이란 무엇인가? 나의 존재에 대한 귀중함, 그렇기 때문에 귀중함 속에서 상대에 대한 소중함을 느끼는 것이다. 그것을 통하여 세상 물질보다 인간의 가치를 더욱 귀하게 생각할 줄 아는 것을 배울 수가 있으며, 그러므로 순간적 쾌락이나 향락적이고 물질 중심에서 초연할 수 있기에 많은 유혹을 예방할 수 있지 않을까란 생각을 한다. 바로 우리 부모가 자녀들에게 반드시 가르쳐야 할 일들을 망설이지 말고 훈계해야 한다는 것이다. 그러나 부모들은 너무나 자녀에 대한 잘못된 애착이 있기에 기본적인 것들을 교육하지 못한다. 바로 이러한 근본적 이유로 인하여 세상에 마약과 알코올, 도박과 범죄가 일어나게 되는 것이며, 이는 아주 당연한 결과인지도 모른다. 그러한 결과 중의 하나인 마약이 급진적으로 확산되어 가고 있으며, 특히 한인 청소년들 사이에서는 무분별하게 번져나가고 있다는 사실을 직시해야만 한다.

  마약에는 여러 가지의 종류가 있다. 기존에 있었던 흥분제, 환각제, 마취제 등의 학적으로 나누어 놓은 것들도 있지만 현실적으로는 우리의 청소년들이 학적으로 나누어 약을 복용하는 것이 아니라는 사실을 기억하기 바란다. 무조건 뭐가 좋더라 하면 그 약을 사려고 모이게 된다. 이름이나 무엇으로 만들어졌는가 하는 성분 따위는 상관하지 않는다. 그러므로 보다 강하고 환각적이며 다양한 복합적 약물이 늘어나고 있다는 것이다.

청소년들이 주로 사용하는 마약

스피드 (아이스, 튜익, 크리스탈)

　제일 보편적으로 사용되어지는 약물이 스피드이다. 이 스피드는 화학성분을 기초로 해서 만든 것으로 소량의 성분 차이가 있는데 그 정도 차이로 아이스, 튜익, 크리스탈, 스피드 등 같은 성질의 약품으로 불리워진다. 스피드는 가격이 코케인에 비하여 저렴한 편이며, 약물에 취해 있는 시간도 비교적 길다. 즉 같은 양이라 할지라도 코케인에 비하여 약값이 저렴하고 비교적 오랜 시간 하이(High)가 될 수 있다는 것이다. 여기서 High란 약물에 취했을 때 최고조에 달하는 기분을 말하는 것으로서, High가 되었을 때 Trip을 간다고 한다. Trip란 약물에 High가 되었을 때 짧은 여행을 간다는 것으로 자신이 평소에 하고 싶었던 것이라든가 이성적으로 평소에 억누르고 있었던 부분들, 또는 스스로 지키기 약한 부분들이 약물의 힘을 빌어서 두드러지게 나타나는 현상으로 사람에 따라서 성적인 것으로 가기도 한다.

예를 들면, 유명한 OO영화배우가 자신과 육체적 관계를 나눈다고 생각하면 정말 그 장면이 현실로 나타나고 그 기분을 비교적 다른 약에 비해 오랜 시간 취할 수 있다는 것이다.

이 약물을 사용하면 주로 흥분이 되고 활동적이 되는데, 눈동자 동공이 커지며 육각형으로 그 초점이 모아진다. 고양이나 야생동물의 눈빛처럼 빛이 나기도 한다. 모르는 이들이 보았을 경우에 상당히 또릿또릿한 눈빛으로 영리하다고 생각할 수도 있겠지만, 대부분 눈빛 즉 시선을 똑바로 바라보지 못하고 눈동자를 좌우로 굴린다. 경우에 따라서는 약간의 차이가 있겠지만 대부분 이 약물을 사용하는 청소년들은 싸움을 하거나 어떠한 범죄를 저지르는 행동이 나타나며, 과격해지고 거의 잠을 자지 못하며 지나치게 즐겁고 지나치게 화가 나는 감정 기복이 상당히 심해진다. 심할 경우 뇌 손상이 되어 혼자 독백을 하고 횡설수설하기도 하는데, 비교적 남자보다는 여자들이 더욱 빠른 중독 현상이 나타난다. 이러한 증상이 계속될 때에는 정신병이나 범죄로 사회에서 격리된 생활을 할 수밖에 없다.

다른 약물도 결과는 같지만 이 스피드는 그 결과가 다른 약물에 비하여 빨리 진전하는데, 청소년들은 이러한 사실들을 잘 알면서도 잠깐의 쾌락으로 인하여 앞으로의 상황에 대해 전혀 염려하거나 걱정하지 않는다는 것이다. 또한 다른 이들에게는 이러한 상황들이 나타날 것이라고 확신하지만 자기에게는 절대로 그러한 일들이 초래되지 않을 것이라는 기대가 모두에게 있다. 약물에 손을 대면서도 자기만큼은 절대로 약에 중독되지 않을 것이며, 나는 누구누구처럼 그렇게 바보같이 약물에 빠져서 허우적거리지 않을 자신이 있다고 믿는다. 지금은 하고 있지만 언제든지 자신들이 끊고 싶다고 생각하면 단숨에 끊을 수 있다고 도 확신한다. 중요한 것은 이렇게 자신이 중독자임을 부인하지만 그 부인하는 그때에는 이미 중독된 상태라는 사실이다. 시간이 한참이나 지난 뒤 본인 스스로 끊을 수 없다는 것을 알았을 땐 비로소 지난 날 자신의 착각을 인정하게 된다. 이러한 모든 중독의 증상들이 단지 다른이들만의 문제일 수는 없으며, 누구도 약을 이길 수 있는 이는 없다는 사실을 우리는 반드시 명심해야만 한다. 이 세상에는 약을 이길 수 있는 사람은 거의 없음을 기억하고 아예 관심조차 갖지 않는 길이 가장 최신의 길임을 기억하기 바란다.

CASE 7

- ◆ 성명 : KA ◆ 나이 : 18세
- ◆ 성별 : 남
- ◆ 학업 : collage 재학

부모님의 실수

 갸르스름한 눈에 야윈 듯한 얼굴로 모자를 푹 눌러쓰고 우리 선교회를 들어섰을 때 그는 아주 거칠게 이야기하는 아이였다. 옆에 있던 아버지조차도 민망스러워 얼굴을 들지 못할 정도였던 그 아이는, 자기는 절대로 약물을 사용한 적이 없다고 심하게 우기고 있었고 저만치 떨어져 서 있는 엄마는 눈물만 흘리고 있었다. 그 아이의 아버지는 설마 내 아들이 약물에 손을 대지는 않았겠지, 그냥 어쩌다가 마리화나 정도 했을 것이라고 스스로를 위안하며 그래도 혹시나 하는 심정으로 선교회를 찾아왔었던 것이다. 그러나 아버지의 설마하는 희망은 금새 절망으로 바뀔 수밖에 없었다. 이곳 선교회에서 생활하는 우리 모두는 흔히들 선수라고 부른다. 모두가 약물을 하던 과거를 갖고 있거나, 아니면 그쪽으로 남다른 관심이 있는 이들이다. 그렇기 때문에 일반인들의 눈은 피할 수 있을지 모르지만 이곳에 들어서는 순간부터 우리는 직감할 수 있고 어느 정도의 기간 동안 무슨 약물을 복용하였는지까지 짐작할 수 있다.

처음에 KA의 아버지는 나의 말을 믿지 않았으며 오히려 KA를 이상한 쪽으로 몰려 한다고 생각하며 나를 정신병자 취급을 하였다. 한참을 설명하여도 자신의 아들 말만 믿고 싶어하는 그에게 지금 당장 소변검사를 해보라고 권유하였다. 그러나 아들에게는 절대로 말하지 말고 지금 선교회를 나가면서 바로 병원으로 가라고 부탁하였다. 그러면 아들에 대하여 알 수 있을 것이라고 단호하게 말하자 아버지는 검사해서 반드시 아들의 결백을 주장이라도 하겠다는 결의에 찬 표정을 지었다. 그러나 그 다음날 KA의 기죽은 모습은 오히려 나의 마음을 아프게 했다. KA가 스피드를 아무도 모르게 사용한 지 4년 정도 되었음을 알게 된 KA의 아버지는 어떻게 해야 할지 방법을 모른 채 창피를 무릅쓰고 다시 선교회에 KA를 데리고 온 것이다.

KA는 금단현상을 다른 이들보다 심하게 나타냈기 때문에 6개월 이상 나눔선교회에서 격리 생활을 하게 되었다. KA는 격리생활 중에 노 가끔 소스라치게 놀라서 잠에서 깨는 적이 많았으며, 밤에는 무서워서 화장실조차도 가지 못하는 적이 간간이 있었다. 또한 다른 이들은 어쩌다 한 번씩 들린다는 누군가 부르는 소리가 그에게는 하루에도 몇 번씩 들려서 주변을 두리번거리며 살피는 것이 그의 일과였다. 그는 자신을 자꾸 부르는 소리가 너무나 신경쓰여서 항상 귀에 이어폰을 끼고 음악소리에 온통 신경을 모았기 때문에 나중에는 청각에도 문제가 생기기 시작했다. 여러 가지 어려움 속에서 그래도 스스로 노력하려는 의지가 점차 생겨나기 시작했으며, 약물에 대한 의존성이 하나님을 찾고자 하는 믿음으로 바뀌어가기 시작했다. 그러면서 자신에게 나타나던 현상들이 하나 둘씩 사라지기 시작하자 부모들은 성급하게 좋아하면서 당장에 KA가 고침을 받은 것마냥 좋아하기 시작했다. 그리고는 자신의 아들이 약물을 한 기억조차도 잊은 듯 그저 학교를 졸업해야 하는데 라는 걱정만 하고 있는 것이었다. 부모들은 자녀들이 조금만 괜찮아져도 오직 공부, 학교만 걱정하는 것이 일반적이다. 어떤 것이 중요한지 알지 못하기에 부모들조차도 가야할 길의 방향을 알지 못한다. 결국 아직 때가 되지 않았다는 만류에도 불구하고 학교를 가야 한다는 강박관념으로 KA를 데려갔다. 단지 우리는 그를 위하여 기도하고 꾸준히 연락을 취하는 방법밖에는 없겠지만, 걱정과 우려를 지울 수가 없는 것이다.

CASE 8

◆ 성명 : KK ◆ 나이 : 18세
◆ 성별 : 남
◆ 학업 : collage 재학

어디서 그런 힘이

KK는 스피드를 약 2년여 밖에 하지 않은 초보생임에도 불구하고 뇌에 큰 손상을 입은 친구였다. 그는 한군데 단 2분도 앉아 있지를 못한다. 두 손을 한군데 두고 있지도 못한다. 그는 계속 움직여야만 하며, 밤새도록 단 몇 분을 지속적으로 누워 있을 수조차도 없다. 또한 그는 걸음을 앞으로 걷지 못하고 뒤로 걷는다. 마치 마이클 잭슨이 춤을 주는 것처럼 설을 빼는 뒤로 긷는다. 그리고 오른손은 계속 얼굴을 쓰다듬듯이 앞머리를 쓸어내리면서 이러한 행동을 30초 간격으로 반복한다. 말을 할 때는 상대방이 정신이 없을 정도로 횡설수설하며, 무슨 이야기를 하는지 전혀 핵심을 알 수가 없다. 그러나 때때로 본인의 정신으로 돌아왔을 때 자기를 묶어달라고 애원을 한다. 자신을 쇠줄 같은 것으로 묶어서 자신이 움직이지 못하도록 만들어 달라고 부탁을 하는 것이다. 자기 자신도 모르게 무슨 일인가를 저지를 것 같다는 그는 자신이 제정신이 아님을 알고 있다고 했다.

　부모님들은 무조건 선교회에 맡기길 원했다. 다른 방법이 없기 때문이었다. 그렇다고 정신병원을 보내기에는 부모의 가슴이 너무나 아팠기에 시애틀에서부터 이곳까지 비행기에 앉아 있지를 못해 차를 타고 이틀에 걸쳐서 도착한 것이다. 우리도 솔직히 감당할 수 없는 상태의 환자였으므로 몇 번이나 완강하게 거절을 했지만 워낙 간절히 부탁했기 때문에 어쩔 수 없이 당분간 두고 살피기로 하였다. 그러나 불과 며칠 만에 사건은 벌어졌다. KK가 갑자기 창문을 쳐다보다가 아무런 생각 없이 3층 선교회 건물에서 유리를 깨고 뛰어내린 사건이다. 3층의 건물에서 뛰어내릴 것이라고, 그것도 유리창을 깨고 그럴 것이라 누가 생각이나 했었겠는가? 어디가 부러지거나 분명 크게 다쳤으리라 생각하고 밖으로 정신없이 뛰어나간 우리들은 KK를 보는 순간 그저 멍하니 쳐다볼 수밖에 없었다. 유리파편과 함께 뛰어내렸음에도 전혀 상처하나 입지 않았고, 다시 선교회 높다란 철문을 단숨에 뛰어넘어 도망을 간 것이다. 분명 그것은 사람의 힘이 아니었다. 나는 지금도 사탄의 역사라 확신하고 있다. 인간이 아무리 초인적인 힘이 있다지만 분명 그때의 사건은 사탄의 움직임이라고 믿는다.

　그후 KK는 더 이상 이곳에 머무를 수 없었다. 다른 형제들에게 너무나 악영향을 미치는 것은 물론이고, KK만 개인적으로 돌볼 수 있는 상황이 못 되었다. 또한 KK로 인하여 형제들이 불안해하기 때문에 인적 자원의 한계에 부딪쳐 다시 집으로 돌아가게 되었다.

CASE 9

◆ 성명 : AY ◆ 나이 : 28세
◆ 성별 : 남
◆ 학업 : collage 중퇴

희망의 마음

유난히 아는 것이 많고 각종 상식에 풍부한 AY가 약을 처음 시작한 것은 고등학교 때라고 한다. 어릴 적 아버지의 죽음과 함께 새 아버지와의 만남은 그에게 큰 변화를 가져다 주었고, 이틀이 멀다하고 매를 맞고 사는 자신에게 환멸을 느껴야 했다. 그러다가 스피드를 손에 대었는데, 그것이 자신이 누구인지조차도 모르게 하는 비참한 인생을 불러 오리라고는 상상도 못했었다. 지금까지 나눔선교회에서 생활하는 AY는 자신이 어느 나라 사람인지도 모른다. 자주 혼자서 독백을 하고, 지금은 물론 약을 손에 대지 않지만 약을 해야겠다란 생각조차도 할 수 없는 상황이다. 앞서 말한 KK와는 달리 AY는 다른 이들에게 피해를 주거나 스스로 자해 등을 하지 않기 때문에 공동생활이 가능하지만, 때때로 참을 수 없는 분노가 나타나기도 한다. 그러나 선천적으로 온순한 성품을 지니고 있는 AY는 남에게 화를 낸다거나 남을 해한다거나 하는 모습은 나타나고 있지 않다. 단지 가끔씩 스스로를 억제하지 못할 때에 주변인들에게 화를 내고 난폭하게 변하기도 하지만 위로해 주면 꽤 오랜 시간 동안 다시 조용해지곤 한다.

그의 친척이나 식구들도 LA 부근에 살고 있으며, 어디에 있는지도 알지만 모두가 그를 만나기를 꺼려하고 피해 다니고 있다. 식구들 중에는 자신이 AY의 가족임을 밝히는 이가 없다. 행여 선교회에서 그 식구들을 만나자고 할까봐 쉬쉬 도망 다니고 있는 상황이다. 그러나 AY는 이를 알 리가 없다. 단지 선교회에서 오늘도 의식주를 해결하고 목사님의 말씀을 조용히 앉아서 듣고 있을 뿐이다. 우리도 AY가 그리스도를 영접했는지 조차도 알 수가 없다.

그의 대답은 항상 "네, 네." 이기 때문이다. 그렇지만 처음에 선교회를 왔을 때보다는 참 많이 좋아지고 있다. 하루 온종일 중얼거리던 이상한 이야기도 이제는 가끔씩으로 줄었으며, 형제들과도 잘 어울리고 있다. 청소하는 일을 혼자 도맡아 하고 있으며, 식탁을 준비하는 것도 그의 몫이다. 가끔 무거운 짐을 혼자서 옮기기도 하고 사람들을 보고 웃고 반가워하기도 한다. 앞으로 시간이 지나면 보다 좋아질 수 있을 것이라고 생각하면서 꾸준한 사랑과 기도, 그리고 하나님의 말씀으로 자연스럽게 그를 위로할 따름이다.

CASE 10

♦ 성명 : LS ♦ 나이 : 16세
♦ 성별 : 남
♦ 학업 : 고등학교 재학 중

악한 영의 선물

　스피드를 하면서 나타났던 증상 중 가장 독특하기도 하며, 어느 정도 약물을 한 이들에게 공통적으로 나타나는 것은 누군가 자기의 뱃속에서 이야기한다는 것이다. 자신의 뱃속에서 자기가 아닌 다른 어떤 사람이 자신을 향하여 이야기 하는데, 때로는 아주 작은 목소리로 때로는 호통을 치듯이 큰소리로 지시하듯 말한다고 한다.

　그는 다른 이들이 있을 때에는 본인만 들을 수 있을 정도로 아주 비밀스럽게 대화하는데, 친구나 자신이 현재 대화하는 상대방의 과거에 대하여 이야기해주곤 한다는 것이다. 그에게 듣고 대화하는 상대에게 이야기하면 깜짝 놀라게 되는데, 그 이야기가 실제로 상대방의 과거를 맞추기 때문이다. 주로 그 내용들은 약물과 귀신에 대한 내용, 그리고 상대방이 은밀히 저지른 잘못에 대한 것들이다. 또한 가장 중요한 것은 범죄를 어떻게 하면 들키지 않고 완전히 저지를 수 있는가와 지금 저 물건을 훔치라고 강요하고 저 물건을 뺏으라고 협박하며, 누구누구를 때리라고 계속적으로 지시를 한다는 것이다. 이러한 사건들의 연속으로 스스로도 괴롭지만, 귀찮아서 견딜 수 없게 계속적으로 범행을 하도록 지시하기 때문에 행하지 않고는 안 되는 상황으로 일을 저지르고 만다. 후에 너무나 후회되고 자책이 되어 본인도 괴롭지만 이미 문제는 일어난 후이다.

그는 자신의 뱃속에 있는 그 누군가가 분명 귀신이라고 생각하고 있으며, 귀신이 있기 때문에 하나님이 분명 계시다는 사실을 자신도 안다고 말하고 있다. 그러나 하나님을 믿고 싶지만 믿을 수 없는 자신이 너무나 원망스럽다고 말한다.

약물은 사탄의 역사임이 확실하다. 사탄이 이 세대의 최고의 무기로 약물을 사용한다는 것을 상담을 통하여 너무도 절실히 느끼고 있다. 우리들의 싸움은 바로 영적 싸움이라는 사실을 다시 한 번 실감한다.

CASE 11

◆ 성명 : CS ◆ 나이 : 17세
◆ 성별 : 여
◆ 학업 : 고등학교 재학 중

진실한 친구

　CS는 어려서부터 각종 약을 다 해보았지만 스피드가 제일 자신에게 맞는다라고 느꼈다고 했다. 스피드를 하고 남자하고의 관계를 탐닉하는 CS의 모습에서는 이미 소녀의 앳된 모습은 없어지고 세월의 모진 풍파를 다 겪었음직한 여인의 모습이 나타나고 있었다.

　처음 약물에 손을 낸 것은 고등학교 1학년때였다. I지역에는 유달리 유학생들이 많았기에 혼자서 자취하는 학생들이 대부분이었다. 자주 친구 집에서 어울리면서 자연스럽게 이 약 저 약을 시도해 보았다고 한다. 그때 같이 하던 친구들이 IMF로 인해 거의 다 한국으로 돌아가자 친구들이 보고싶어 한국에도 나갔다왔다. CS는 한국에 갈 때마다 스피드를 가지고 가서 친구들과 모여 하기도 했다고 한다. 어떻게 공항과 세관을 통과하면서 걸리지 않고 갈 수 있었는가 하는 의문이 들었는데, LA에서 나갈 때엔 가방에 넣어갔다가 비행기 안에서 물건을 사고 그 백에 함께 넣어 한국 공항에 들어가면 비행기 안에서 산 가방은 검사를 잘 하지 않는다고 했다. 한국의 친구들은 CS가 나가면 너무나 반가워한다고 한다.

    CS는 현재는 약을 하지 않는 상태에 있다. 몇 달 전 한인타운의 OO나이트클럽을 갔다가 술과 스피드를 심하게 한 상태에서 집으로 FWY를 운전하고 가던 중에 경찰에 검거되어 형을 살았다. 그리고 지금은 집행 유예기간으로 소변검사를 주마다 받기에 도저히 약을 사용할 수 없는 상황이기 때문이었다.

    또한 이 기간 중에 사회 봉사활동을 하기로 되어 있기 때문에 약을 하고 싶은 충동을 간신히 참고 있다고 했다. 스스로 하지 않아야겠다고 생각하는 것이 아니라, 어떤 물리적 방법이 가해졌기에 어쩔 수 없이 스피드를 복용하지 못하고 있는 것이다. 그래도 보통의 경우에는 아무리 스스로가 참으려 해도 참지 못하는 경우가 대부분인데 비교적 잘 참고 있다고 생각된다. 하지만 CS가 그 기간이 끝나는 대로 바로 스피드를 하기 위하여 운전을 하고 어디론가 가버리지 않을까 생각된다.

CASE 12

◆ 성명 : KD ◆ 나이 : 19세
◆ 성별 : 남
◆ 학업 : 고등학교 졸업

죄는 또 죄를 낳고

평소에 너무나 의리가 있고 착한 KD는 참 많은 친구들이 있다. 성격도 호탕하고 남을 잘 도우며 부모님 말씀도 잘 듣는 KD였는데, 스피드에 빠져들고 난 후에는 무조건 부모에겐 반항을 하게 되고, 거칠고 사나운 갱 맴버로 뒤바뀌고 말았다. KD는 그래도 자신의 부모가 주는 돈으로는 절대로 스피드를 하지 않았다고 했다. 약을 하는 것은 나쁜 일이기 때문에 적어도 부모가 피땀흘려 번 돈으로 약값을 충당하고 싶지는 않았다고 했다. 그러나 이러한 그의 말은 자신을 정당화하기 위한 변명일 뿐이라고 나는 말하고 싶다. 그는 약값을 충당하기 위해서, 약을 하는 사람들의 또하나의 증상 중의 하나인 가짜 크레디트 카드를 만들기 시작했다. 운전면허증을 만들어 냈으며, 각종 ID를 만들어 내었다. 뿐만 아니라 그는 미국에서 사용하는 개인수표를 만들었는데 진짜와 가짜를 구분하지 못할 정도로 정교하고 똑같이 만들었다. 이렇게 만든 가짜 수표를 가지고 Check Cashing 해

주는 스토어에서 가짜 ID를 이용하여 현찰을 만들었으며, 카지노에서 Check를 주고 현찰로 받는 방법을 통하여 불과 18세의 청년이 6개월 동안 $100,000 이상의 돈을 만졌다. 이것을 친구들과의 약값과 유흥비로 다 써버린 그는 지속적으로 약값을 충당하기 위하여 제 2의 범행을 계획하였다. 급한 대로 흔히들 말하는 차털이를 시작했는데, 훔친 차는 절대로 타고 다니지 않아야 하는 불문율을 깨고 훔친 BMW를 타고 다니다가 결국 구속되고 말았다. 1년 이상의 형을 받게 되면 영주권자는 무조건 추방이다. 워낙 많은 이민자들이 범죄나 마약에 관여하므로, 새롭게 만들어진 이민법에 의해 시민권자들이 아닐 경우 강제로 본국으로 돌아가게 하는 법률이 생긴 것이다.

KD는 내가 인간적으로 호감을 갖고 있는 청년이다. 그는 스피드만 하지 않는다면 성격이나 인간성은 별로 문제가 되지 않는 괜찮은 친구이다. 나는 이 친구를 어떻게든 수감생활에서 나눔선교회로 이감시키기 위해 노력하는 중이다. 진실된 마음으로 자신의 잘못을 뉘우치고 있으며, 신앙을 받아들이려고 노력하는 태도가 가슴에 와 닿았기 때문이다. 물론 자신이 저지른 잘못은 마땅히 그 대가를 받아야겠지만, 앞으로 더 많이 남은 인생을 위하여 한번쯤 주위에서 이해해 주었으면 하는 마음이다. 그러나 그에게는 싸워야 할 것들이 많이 있다. 특히 약물과의 싸움은 이제부터가 시작이다. 그저 믿음에 바로 서서 올바른 신앙생활을 하도록 돕는 것이 최선의 길이라고 생각하며 오늘도 그를 위하여 기도하고 있다.

CASE 13

◆ 성명 : BY ◆ 나이 : 16세
◆ 성별 : 여 ◆ 학업성적 :
고등학교 재학 . 성적 보통

방황의 시간들

집을 나간 지 두 달이 넘었지만 들어오지 않는 딸을 너무나 가슴 조이며 기다리던 부모들은 경찰에 신고도 하고 BY를 열심히 찾아다녔다. 그러나 아무런 소식도 들을 수가 없었다. 살아 있는지 죽었는지만 알아도 소원이 없겠노라고 울며 딸아이를 찾아달라고 연락이 온 지 얼마 안 되어 경찰이 BY를 찾았다는 기별을 받고 엄마는 정신없이 딸아이를 데리러 갔었다. BY의 옷차림은 가린 곳이 얼마 없었고, 다 드러나 있는 가슴은 부모조차도 빈망하게 만들고 있었다. 얼굴은 퍼런 멍 자국이 채 지워지지 않고 있었으며, 여기저기 할퀸 자국은 누구와 심하게 다투었음을 보여주고 있었다. BY를 데리고 집으로 가려고 했지만 집에는 죽어도 가지 않겠다는 BY의 강한 반발에 어쩔수 없이 선교회로 먼저 데리고 오게 되었다. 까맣고 긴 머리를 마구 헝클어뜨리고, 짧은 스커트 밑으로 허옇게 드러난 다리를 창피함도 모르는 채 벌리고 앉아 있는 모습이 두 달 동안의 BY의 생활을 대충 짐작하게 했다.

화가 잔뜩 나 있어서 금방이라도 누군가를 칠 것같은 기세에 선교회 형제들은 눈치를 힐끔힐끔 보면서 피하고 있었고, 그럴수록 괜히 더 우쭐하듯 잔뜩 찌푸리고 있는 BY의 모습을 보면서 차마 표현하기 어려운 감정이 교차되었다. 마주앉았을 때 BY가 서슴지 않고 내뱉은 첫마디는 "난 내가 돈 벌어서 살 수 있으니까 상관하지 말라"였다. 무슨 일을 해서 돈을 버느냐는 내 질문에 당당하게 "나 몸팔아요" 라고 눈을 똑바로 쳐다보며 대답하는 BY에게 난 그저 할 말을 잃었다. 엄마는 시간당 $6.50하는 노동을 하면서 딸자식 위하여 플루트에다, 피아노에다 과외 공부 등 시간당 $50.00 하는 그 비싼 수업을 시켜 왔다.

아빠의 극심하게 반대했지만 엄마는 내가 뼈빠지게 벌더라도 내 자식만 잘되면 소원이 없겠다는 간절한 바람으로 공을 들여 왔다. 그런데 이 모든 소원이 너무 어처구니 없이 무너져내린 것이다. 부모는 허탈한 심정에 선교회 벤치에 걸터앉아 눈물 조차도 나오지 않아 한숨만 내쉬고 있었다. BY는 무조건 집이 싫었단다. 부모가 죽이고 싶도록 밉고, 자신의 여동생이 싫어서 그냥 확 때리고 싶다는 생각밖에 들지 않았다고 했다. 학교 성적도 그다지 나쁘지 않았고 친구와의 관계도 원만한, 성격이 무난한 소녀였는데, 약물에 손을 댄 지 2년째 들어서면서 BY는 자신도 모르게 딴사람이 되어 있었던 것이다.

자신의 외모에 콤플렉스를 느끼고 있었던 BY는 한국 남학생들로부터 뚱뚱하다, 못생겼다는 말을 자주 들었고, 그러한 말들이 깊은 상처가 되어 스스로를 자학하게 되었다. 그러나 다른 나라 남자들은 달랐다. BY에게 예쁘다고 말해 주는 어느 흑인녀석으로부터 약을 권유받았고, 스피드를 하면서 자신감이 생기기 시작했단다. 약을 하면 살이 많이 빠졌는데 날씬해지는 모습이 너무 좋아서 스피드, 헤로인, 크랙, 엑시타시 등 안 해본 약이 없다고 한다. 그러던 어느 날 한 모텔에서 정도를 넘어선 심한 약물복용으로 스스로를 주체하지 못하고 4층 창문으로 뛰어내린 일도 있었다. 그날 이후 학교를 서서히 빼먹으며 학교가 없는 날이면 어김없이 집에도 들어오지 않았다. 서서히 다른 나라 남자들과 어울리는 시간이 많아지고 결국은 두 달 전에 가출을 결심했던 것이다. 집을 떠난 두 달 동안의 생활은 BY를 거리의 여자로 변화시켰고, 길거리에서 Pick-Up했던 이들은 300명도 훨씬 넘는다고 했다. 이들과 한 번 관계를 할 때마다 $30도 받고, $200 받았으며, 어느 날은 한 APT에 사는 히스패닉들이 돈을 걷어 값싸게 한꺼번에 20명까지도 관계했다는 말에 나는 입안이 바싹 마르는 것을 느꼈다. 그뿐 아니라 BY는 엄마가 자신에게 소리지르고 화를 냈다는 이유로, 집 옆의 흑인들이 모여서 약을 하기도 하고 팔기도 하는 스피드하우스라는 아파트에서 9명의 흑인과 상대하면서 함께 잠을 잤다고 한다. 돈을 받고 잤느냐는 나의 질문에 그녀는 간단히 "아뇨."라고 대답하며 "그냥 화가나서 그랬어요"라고 말했다. 이렇게 BY가 성적으로 집착하는 이유가 무엇일까? 약물을 처음 시작하면서 BY가 갖고 있던 잠재의식 속에 자신이 사랑 받고 있지 못하다라는 생각, 즉 강한 애정결핍증을 해소하고 만족시키기 위한 하나의 탈출구로 성적인 것에 집착하게 된 것이 아닌가 생각되어진다. BY는 성적인 것에서 느껴지는 쾌감은 없다고 한다. 그저 남자들이 원하니까 준다는 식이다. 하지만 BY는 남자관계가 없이 이를 버티어 나가지 못한다. 어떤 방법을 통해서라도 반드시 관계를 갖고야 만다.

 감시하는 눈길을 피하여 간신히 가려진 옷차림으로 거리를 누빈다. BY를 Pick-Up하는 이들은 거의 외국인들이고 될 수있는 대로 BY도 외국인들을 상대한다. 소문도 나지 않고 매너가 좋기 때문이라고 한다. 특히 자신을 미인이라고 칭찬도 하는 그들이 좋다는 것이다. 이러한 것들이 아직까지는 이상한 이들을 만나지 않았기 때문에 가능했던 것이다. 미국에는 상당히 정신적으로 문제를 안고 있는 이들이 많다. 그들은 여러 가지로 문제를 일으키지만 특별히 길거리에서 여성을 돈을 주고 사는 이들은 여성과 정상적인 성 관계를 하는 이들이 드물고, 그 중에는 AIDS나 다른 질병을 갖고 있는 이들이 많다는 것을 우리는 알고 있다. 만일 이와 같은 이들과 함께 잠자리를 한다면 BY의 나머지 인생은 과연 어떻게 될 것인가? 두 달 동안 거리서 그 모퉁이를 관리하는 이들과 함께 생활을 하였던 BY는, 자신에게 형제, 자매보다도 더 따뜻하게 대해 주고 자신이 약이 필요할 때 거져 약을 공급해 주었던 그들에게 돌아가고 싶어한다. 한참을 달래고, 앞으로 어떤 일들이 벌어질 수 있는가에 대하여 구체적으로 설명하면서, 하나님의 은혜로 지금까지는 무사할 수 있었으나 다시 그 길로 돌아간다면 결코 돌이킬 수 없는 상황이 올 수 있다는 것을 이해시켰다. BY도 이를 알지만 자신의 마음과는 달리 자신도 모르게 누군가엔가 이끌리어 밖으로 나가게 된다고 이야기하면서, 이를 서로 붙잡아 주며 함께 차츰 힘써 노력하기로 약속하였다.

CASE 14

◆ 성명 : KJ ◆ 나이 : 18세
◆ 성별 : 여 ◆ 학업성적 : 고등학교 중퇴. 성적 매우 우수

부모의 심정

   KJ는 남다르게 총명하고 똑똑하며, 외모가 뛰어나서 학교 선생님들과 친구들 사이에서도 인기가 상당히 높았다. 또한 부모님의 일도 매우 잘 도와 주었기에 부모들은 자녀 자랑하는 낙으로 살았을 정도였다. 그러한 KJ가 스피드를 하게 되리라고는 상상조차도 하지 못했던 부모는 남들에게 이야기할 수 없는 피멍을 가슴에 간직하고 살게 되었다. 세탁소를 성영하는 부모를 유닌히 잘 도와 주던 큰딸 KJ. 그러나 언제부터인가 금고의 돈이 차이가 나기 시작하면서, 앳되고 순진하게만 보였던 KJ는 점차 마르기 시작했고, 수심이 가득찬 얼굴로 바뀌어 갔다. 이상하게 여겨 무슨 일인가 물어봐도 아무 말도 하지 않는 KJ는, 친구들을 만나는 것 같지도 않고 특별히 누구를 사귀는 것 같지도 않았다. 이상하다는 느낌을 지울 수가 없었던 엄마가 하루는 진지하게 KJ를 붙들고 솔직한 대화를 시작하였다. KJ는 울면서 엄마에게 고백을 하였고, 이를 안 엄마는 하늘이 무너지

는 듯했다. KJ는 그날 이후 부모에게 부탁을 하여 자신을 독방에 가둬 달라고 하였고 자신의 어떠한 울부짖음과 간구에도 절대로 문을 열지 말아 달라고 신신당부를 하면서 스피드로부터 벗어나려는 강한 의지를 보였다.

  방에 갇힌 지 2-3일 정도가 되었을까? 방에서는 큰딸의 애절하고 가슴을 쥐어뜯는 듯한 외침이 들려오고, 제발 문 좀 열어 달라는 울음 섞인 소리가 들려 왔다. 부모의 가슴은 이루 말할 수 없이 저미어왔다. 며칠이 더 지나고 아무런 소리가 없어 혹시 죽은 것은 아닌가 하는 조바심에 문을 열어 보았더니, KJ는 한쪽 구석에 지쳐서 축 늘어진 채로 널부러져 있었고, 온 방안은 손톱으로 쥐어뜯었는지 방구석 구석에 카펫이 다 뜯기어 있었고 머리카락이 여기저기 널려 있었다. KJ의 손톱은 핏물로 짓이겨져 있었으며 얼굴은 창백하여서 그야말로 눈을 뜨고 쳐다볼 수 없는 모습이었다고 했다.

  얼마나 고통스러웠으면 하는 생각에 부모는 도저히 다시 방문을 잠글 수가 없었고, 그날 이후 부모는 KJ를 찾을 수가 없었다. 한 1년이 지났을까. "엄마." 하고 세탁소 문을 들어서는 KJ를 보고 부모는 다시 한 번 경악을 금치 못했다. 손에는 이제 갓 낳은 듯한 핏덩이의 어린아이가 안겨 있었고, KJ의 얼굴은 너무 말라서 알아볼 수조차 없었던 것이다. 눈가가 붉어지며 지나간 세월을 어떻게 다 이야기할 수 있겠느냐는 부모의 모습 속에서 말못할 사연들을 다 듣고도 남은 듯했다. 신랑은 아직 20세도 안 된 세탁소를 드나들던 히스패닉이었는데, 바로 그 청년이 KJ에게 약을 처음 소개했고 지속적으로 스피드를 대주었던 것이다. 그래도 아이가 있기에 그를 받아들이기로 마음먹고 혹시나 안정을 찾을 수 있지 않을까해서 KJ를 달래서 집으로 데려왔다. 그렇지만 며칠 후 아이를 팽개치고 집을 나간 KJ는 한 달이 지난 지금도 집으로 돌아오지 않고 있다고 했다.

이제는 더 이상 눈물을 흘릴 힘도 없다는 어머니의 체념 어린 말에 아버지는 긴 한숨만 내쉴 뿐이었다. '자녀 교육을 위하여 머나먼 이국 땅까지 와서 궂은 일 마다 않고 힘들여 삶의 터전을 일구어 왔건만 남은 것이 무엇인가?' 하는 삶의 회의 속에서 하루에도 몇 번씩 죽고 싶다는 생각만 든다고 했다. 그래도 집 나간 딸아이의 행방을 찾아 주었으면 하는 간절한 눈빛이 나의 가슴에 와서 박히는 듯했다.

CASE 15

- 성명 : JH ◆ 나이 : 19세
- 성별 : 남
- 학업 : UCLA 재학 중

관계의 회복

　JH와의 첫 만남은 으레 다른 이들과의 만남처럼 부모가 걱정하여 울고불고 하며 찾아온 경우는 아니었다. JH는 법적인 문제로 수감생활을 해야 할 아주 급박한 상황에 있었다. JH에게 있어서 약은 두 번째 문제였고 당장에 급한 문제를 해결해야만 했다. 말이 없고 유달리 착해 보이는 얼굴에 아무런 근심도 느낄 수 없었던 그 모습 뒤에는, 지난 어린 시절 아버지가 너무 무서웠고 자신을 사랑하지 않는다는 애정결핍 증상이 숨어 있었다. 그 때문에 누군가에게 사랑을 받고싶어 하는 강한 욕구가 눈빛으로 나타나고 있었다. 아버지는 그다지 무섭게 한 적이 없다고 말하며 JH가 엉뚱한 핑계를 댄다고 했다. 그러나 분명 아버지에게 무엇인가 학대라고 여겨지는 일들과 아픔이 있었고, JH는 이를 잊기 위하여 새로운 돌파구를 찾다가 아주 깜찍하게 생긴 여자친구를 만나게 되었다. JH는 그녀를 사랑했으며, 그녀와의 사랑을 유지하기 위하여 결국 그녀가 즐기는 약물까지도 사랑하게 되었다는 것이다. JH는 그녀가 떠날까봐 걱정하며 안절부절하는 마음 때문에 약물에 손을 댄지 1년도 되기 전 완전히 약물에 빠지게 되었다. 그러다가 어느 날인가 그녀와 함께 스피드를 차에서 복용하고 그녀를 집에 데려다 주고 돌아오는 길에 경찰에 잡히게 된 것이다. 이 때문에 어쩔 수 없이 선교회를 찾아오게 되었으며 스피드를 할 수 없는 상황이 되었다. 그러나 하고 싶다는 그 간절함은 여전히 계속되고 있다. 그래도 최선을 다하고자 하는 그의 의지를 엿볼 수 있었고, 여자친구도 서로를 위하여 또 자신들을 위하여 더 이상 약물에 손을 대서는 안된다는 사실을 인식하고 서로를 약물로부터 감시하며 노력하는 중이다. 그렇기에 더욱 부모의 뜨거운 관심과 사랑이 요구되고 있으며, 지나온 상처를 아물게 해줄 수 있는 아버지와의 시간이 필요하다. 또한 서로를 이해하고 공감대를 형성할 수 있는 어떠한 사건이나 계기가 필요하다. 만일 그 관계가 회복되어진다면 JH는 얼마든지 새로운 생활을 할 수 있는 가능성이 많은 친구 중 하나이기 때문이다.

CASE 16

◆ 성명 : KW　◆ 나이 : 17세
◆ 성별 : 남
◆ 학업 : 고등학교 재학 중

관심과 사랑

　불과 한 달 전까지만 해도 KW가 스피드를 복용하리라고는 부모는 전혀 생각하지도 못했다고 했다. 그저 마약이라고 하면 남의 집 망나니의 이야기인가보다 생각했고, 우리 집 KW가 할수 도 있다는 것은 꿈에도 있을 수 없는 일이라고 여겼다. 그런데 엄청난 사건이 벌어진 것이다. 유달리 컴퓨터를 좋아하는 KW는 밤새도록 컴퓨터와 함께 씨름하며 무엇인가 열심히 치고 만들고 또 무언가 읽고 보고 했기 때문에 부모는 공부를 참 열심히 하는구나라고 생각했을 뿐이다. KW는 남보다 공부를 잘해서 부모들이 땀흘려 일하는 보람을 느끼게 해주었고, 나중에 컴퓨터 프로그래머가 되겠다고 해서 식구들 모두를 흐뭇하게 해주었다. 이것이 바로 엊그제 일인데 KW가 스피드를 상습적으로 복용했다고 누가 상상이라도 했었겠는가? KW의 약물에 대한 증상은 바로 컴퓨터로 갔던 것이다.
　KW가 공부를 어떻게 잘할 수 있었을까?의문을 갖는 분들이 많이 있겠지만,

약물을 복용한다고 해서 전혀 다른 사람이 되는 것은 아니다. 얼마든지 자신의 생활을 유지하면서 술 먹거나 담배를 피우듯이 약물을 생활화 할 수 있는 것이다. 그렇기 때문에 벌써 2년 정도 스피드를 복용했던 KW를 부모는 전혀 눈치챌 수 없었다. 그러나 아주 우연히 자녀의 책상 서랍에서 유리 파이프를 발견하고는 그냥 지나치려다가 방송에서 얼핏 들었던 내용이 생각나서 혹시나 하는 마음으로 선교회에 문의하게 되었다.

유리 파이프에 끼어 있던 진액으로 보아서는 상당히 많은 양을 복용하는 친구였다. KW는 주로 집에서 나가지 않고 약을 한 뒤 컴퓨터나 공부를 했으며, 가끔 고스톱을 치기도 했다고 한다. 친구들과 약을 한 뒤에 공부한다고 모여서 고스톱을 치는데, 그 주변에 사는 5-6명의 한인 청소년들이 모두 스피드를 복용하고 있다고 KW는 고백했다. 부모는 이러한 사실을 주변의 부모들에게 알렸지만 그 누구도 믿으려 하지 않았고, 단지 당신 아이의 잘못을 내 아이의 잘못으로 돌리지 말라는 날카로운 질책만 들었을 뿐이었다.

스피드를 사용하는 친구들 중에 상당히 많은 숫자가 의외로 조용히 집에서 약을 사용한다고 말하는 KW는 부모들에게 알리지 않고 문제를 일으키지 않으려는 비교적 머리가 좋은 청소년들이 이러한 증상이 나타나고 있음을 전했다. 현재 KW는 선교회에서 상담을 받은 후 상당히 빠르게 마음과 건강이 회복되어 가는 상태에 있다.

CASE 17

◆ 성명 : YB ◆ 나이 : 16세
◆ 성별 : 여
◆ 학업 : 중학교 졸업

유혹의 환상

　주로 여자들이 스피드라는 약물을 접했을 경우에 일어나는 증상은 대부분 성적인 문제이다. YB는 LA에서 제법 큰 교회 전도사의 딸로 어릴 때부터 신앙교육을 열심히 받으며 자라났다. 성장과정이나 가정환경 자체에서도 그다지 큰 문제가 없었다. 그러나 머리가 유난히 좋았던 YB는 남들보다 일찍 이성에 눈을 뜸으로 남자친구와 보내는 시간이 많았다. 문제는 처음 사귀었던 남자친구가 스피드를 주로 사용하고 빈집털이를 하였기에 YB도 자연스럽게 잘못된 길로 가게 되었다는 것이다. 남자를 처음 알았고, 그 남자로부터 스피드라는 약물을 권유받았으며, 약물을 섭취하고 난 후에는 성적으로 빠져들게 되었다. YB는 남자친구가 시키는 모든 일을 서슴지 않고 했다. 빈집을 털어서 나오는 장물 처리는 YB의 몫이었다. 이 장물을 가지고 전당포, 보석상 등으로 다니며 돈으로 바꾸어 남자친구에게 가져다 주었다. 물론 그는 YB의 몫을 정확하게 계산해 주었다. 여기에 재미를 붙인 YB는 시간이 지나면서 남자친구보다도 더 스피드와 빈집털이를 즐겼고, 약을 사용한 후에 남자친구가 없을 때에는 다른 남자아이들과도 빈번하게 동침을 하였다. 이러한 사실이 남자친구에게 알려지고 절교를 당한 YB는 주체할 길이 없는 심정을 자포자기하듯 룸싸롱이라는 곳에 취직하게 되었다.

이제 겨우 16세의 소녀를 룸싸롱에서 일하게 하는 것도 큰 문제라고 생각한다. 그러나 YB의 말을 빌면 많은 18세 미만의 미성년자들이 이러한 유흥업소에서 일하고 있다고 한다. 물론 언뜻 보기에는 18세가 넘은 것처럼 성숙해 보이긴 하지만 그들 중 대부분이 18세 미만이라는 것이다. 노래도 잘하고 외모도 뒤지지 않으며 머리가 좋은 YB는 팁을 많이 받는 편에 속했다고 한다. 돈을 많이 벌었지만 밤새 술을 마시며 웃음을 팔아서 번 돈이 그 다음날에는 어김없이 약값으로 충당되었고, 또 다른 남자 파트너를 찾는 데 사용되어지곤 했다. 또한 YB는 호스트바 출입을 즐겼다. 그곳에 가면 자신을 여왕처럼 대해 주고 자신이 다른 남자들에게 받았던 스트레스를 시원하게 풀 수 있었다고 했다. 그곳에서 만난 남자들도 거의 약물에 관여되어 있는 청년들이기에 통하는 그 무엇이 있었다고 말하며, 그대로의 생활을 하루하루 즐기고 있었다. 그러나 끈질긴 부모의 기도와 함께 끊임없이 쏟아부으시는 YB를 향한 하나님의 사랑으로 인하여 결국 YB는 단발머리 여고생으로 돌아와 지금은 검정고시(GED)를 준비하고 있다. YB의 배꼽에 끼워 있던 배꼽걸이와 허벅지 은밀한 곳에 보일 듯 말듯 했던 장미무늬 문신은 아직 남아 있지만 이러한 과거의 흔적들도 곧 사라지리라 믿는다.

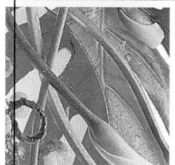

CASE 18

◆ 성명 : SK ◆ 나이 : 16세
◆ 성별 : 여
◆ 학업 : 고등학교 재학 중

충격을 통한 상처

나는 SK의 이야기를 하면서 정말 내 스스로도 "이럴 수가 있을까?"란 의심을 떨쳐버릴 수가 없다. 너무나 끔찍하고 생각조차 하기 싫은 SK의 이야기를 언급할 수밖에 없는 것은 약물이 얼마나 무서울 수 있는지를 우리에게 교훈하고 있기 때문이다. SK는 이제 약을 복용한 지 2년도 채 되지 않았지만 약물을 10년 이상한 이들보다 정신적으로나 육체적으로 망가져 있는 상황이다. 내가 처음 그 아버지로부터 전화를 받고 난 뒤에는 한동안 말문이 막히고 몸이 떨렸고, 설마하는 심정으로 SK와의 만남을 기다렸다. 그 이야기들이 사실이 아니길 무조건 바라면서. 그러나 나는 SK를 만난 후 더 큰 절망감을 느낄 수밖에 없었다.

SK의 아버지는 LA에서 페인트 일을 하고 어머니는 마켓 음식부에서 열심히 허드렛일을 하면서 한푼 두푼 모으며 참으로 아끼고 아끼는 생활을 하였다고 했다. 그래도 그때는 행복했었다고 그들은 말한다. 그렇게 모아놓은 돈이 얼마 되지는 않지만 보다 나은 생활을 기대하는 마음으로 하루하루를 보냈는데, 미국에 처음 이민 와서 도움을 받았던 멀리 P지역에 사는 한 친구가 자신이 하던 세탁소 를 팔고 덴버로 이사를 하려고 하는데 너무나 장사가 잘되는 곳이라 다른 이에게 주려면 아까운 생각이 든다고 세탁소를 사겠냐는 연락이 온 것이다. 그렇지 않아도 오랜 노동에 몸과 마음이 지쳐 있었고 또한 그 친구의 말을 완전히 신임할 수밖에 없는 처지였기에 부모님은 다른 것은 제대로 보지도 않고 무조건 그 친구의 말만 믿고 돈까지 빌려 그 세탁소를 샀다고 한다. 친구가 덴버로 떠나자 새로운 기분과 즐거움으로 세탁소를 시작했고 집도 LA에서 그곳으로 옮겨가게 되었다. 그러나 장사는 생각만큼 쉽지 않았고 갈수록 손님은 줄어갔으며, 제대로 알지도 못하는 세탁소일이 만만치가 않았다. 거기다 일만 하느라 제대로 영어 한마디 배우지 못했기에 간신히 손짓발짓으로 말이 통했고, 손님이 대부분 히스패닉이기에 스페니쉬까지 사용해야 했던 그늘에껜 세탁소가 그야말로 원수 같았다. 그러다 한 가지 방법으로 그 근처에 사는 히스패닉 아가씨를 점원으로 두게 되었다. 그 뒤 한동안 세탁소는 그 아가씨 덕분에 운영이 잘 되어나갔고, 이제 자신감이 생겨서 다른 곳에 세탁소 에이전시를 하나 더 오픈하게 되었다. 그저 옷만 받았다가 P시에 있는 세탁소에서 세탁을 하여 돌려주기만 하면 되니 얼마나 손쉬운지 돈이 저절로 들어오는 것 같았다.

그러던 어느 날 그 아가씨가 갑자기 그만두게 되고 손님이 또다시 끊기게 되자 그 근처의 다른 히스패닉 아가씨를 들였는데, 그녀의 이름은 N이었다. 그러나 N은 일은 하지 않고 빈둥빈둥 놀기만 했으며, 늘 전화통만 붙들고 있었다. 화가 너무나 나고 속이 상하여 그 아가씨를 내보내려고 하였다. 그러나 무슨 일인지 그 아가씨 이야기만 나오면 SK의 엄마가 화를 내고 어찌나 감싸고 도는지 처음에는 도무지 알 수가 없었다고 한다.

그러던 어느 날 SK의 행동이 며칠째 이상했다. 엄마와 아빠의 얼굴을 쳐다보려고도 하지 않고 방에만 들어가서 울기만 하는 것이었다. 왜 그러느냐고 아무리 다그쳐도 고개만 떨구고 있는 SK를 보는 아빠의 심정은 답답하기만 했다. 그러다 큰 결심을 한 SK는 아빠에게 사실을 이야기하기 시작했다.

SK의 학교 버스는 세탁소에서 한 블럭 떨어진 곳에 내려준다. 그래서 SK는 학교가 끝나면 세탁소에 들렀다가 엄마와 함께 집으로 들어오곤 했다. 그날도 다른 날과 마찬가지로 세탁소에 들어가는 순간 보지 말아야 할 것을 보게 되었다. 앞 카운터에서 N은 거울을 보며 히죽거리고 있었고, 옷이 걸려 있는 뒤쪽에서는 자기 이상한 신음소리가 나고 있었다. 직감적으로 무슨 일이 일어나고 있음을 알아차린 SK는 걸려 있는 옷가지를 확 밀치며 들어섰다. 그 뒤에는 자신의 엄마와 카운터 N의 사촌오빠  라는 이가 실오라기 하나 걸치지 않은 채 뒤엉켜 있었다. 무조건 그곳을 뛰쳐나

온 SK는 어떻게 해야 할지를 몰랐다. 그런데 그날 저녁 엄마는 아무렇지도 않은 얼굴로 아무 일도 없었다는 듯 집으로 들어왔고 또 SK를 자연스럽게 대했다. SK는 그런 엄마가 너무나 가증스럽고 더럽게 느껴졌고, 아빠가 불쌍하고 바보같이 보였다. 그렇게 충격에서 헤어나지 못하고 며칠을 보내다가 용기를 내어 아빠에게 말을 하게 된 것이다. 아빠는 너무나 황당하고 어처구니가 없어 한동안 말을 잃고 있다가 사실 여부를 엄마에게 다그쳐 물었고 손찌검을 하기 시작하였다. 물론 그날 집은 완전히 초상집이었다. 그러나 이것은 여기서 끝날 일이 아니었다.

SK의 엄마에게 그런 일이 있었던 것은 N이 들어오면서부터이다. 손님이 많다가 갑자기 줄자 다른 곳에 벌여 놓은 세탁소 에이전시의 일과 빚독촉으로 자주 머리가 아팠던 엄마는 머리 아픈 데 특효약이라는 것을 N으로부터 권유받았다. 그 약을 먹고 나면 머리도 맑아지고 기분도 좋아져서 날아갈 것같이 그렇게 즐거울 수가 없었다. 처음 몇 번은 그냥 주더니 그 다음에는 자기도 구하기 힘들다면서 하나에 $1씩 달라고 하였다. $1성노아 하면시 두 달 정도를 거이 매일 쉬지 않고 받았는데 양이 차질 않기 시작했다. 그래서 N에게 약을 더 달라고 하자 N은 자신의 사촌이라며 A라는 24세의 청년이 그 약을 판다고 소개시켜 주었다. SK의 엄마는 너무나 약물에 무지했기에 그때까지도 그것이 마약이라고는 상상도 못했다고 했다.

약값은 계속적으로 오르고 손님은 더욱 많이 떨어지고. 너무나 답답한 마음에 드라이브를 하고 오겠다고 N에게 이야기하니 N은 자신의 사촌에게 약을 가져오라고 하겠다며 잠시 기다리라고 말하고는 A에게 전화를 하였다. 잠시 후 A는 큰 밴을 자신의 친구들과 함께 타고 와서 SK의 엄마를 Pick-Up했다. A는 자기가 급하게 오느라 약을 가져오질 못했으니 같이 가자고 했고, SK의 엄마는 A가 친구들과 여럿이 함께 왔으며 또한 약을 하고싶은 급한 마음에 그 차에 올라타고는 어딘지도 모르는 곳으로 끌려가게 된 것이다.

  그곳은 아무도 없는 거의 사막과도 같은 허허벌판이었다. 그곳에서 엄마는 그들에게 처음 약을 피우는 것을 배웠고, 그야말로 중독자의 길에 들어서게 된 것이었다. 또한 SK의 엄마는 그들과 처음 집단으로 관계를 하였다. SK 엄마의 말로는 그들이 말을 듣지 않으면 땅을 파고 그곳에 묻어버리겠다고 협박을 했다고 하지만 그것은 알 수 없는 일이었다. 그 날 이후 SK 엄마는 자연스럽게 약을 사용하고 A와의 관계를 즐기다 발각되게 된 것이다. 엄마는 울면서 아빠에게 매달렸고, 나이 차가 15년 이상 되는 데다 마음이 약한 아빠는, 다시는 약을 하지 말고 N도 만나서는 안 된다는 다짐을 하고 용서를 했다. 그러나 그것이 어떻게 용서가 될 것이며, 약이 그리 쉽게 끊어질 수 있겠는가? 그 후로 SK의 엄마는 집에 들어오지 않기 시작했으며, 세탁소가 끝나면 바로 A의 집으로 향하곤 하였다.

  SK의 아빠가 찾으러도 가 보았으나 그 APT에는 히스패닉 갱 단원들이 몰려 있어서 그들의 험악한 얼굴을 보면 아무 소리도 하지 못하고 돌아오곤 하였다. 아빠는 문제의 근원인 세탁소의 N을 그만두게 해야겠다고 생각하고 N에게 나오지 말라고 이야기하자, 노동법에 신고할 것이며 그 외에 보복이 따를 것이라고 오히려 협박을 했다는 것이다. 마음이 약하고 미국 생활을 전혀 모르는 SK 아빠는 자신이 어떻게 해야 할지를 몰랐으며, 우연히 세탁소에서 얼굴을 마주치는 아내에게 아무리 달래고 화를 내도 전혀 움직임이 없었다는 것이다.

그런데 문제는 SK의 엄마가 필요한 돈을 세탁소에서 챙겨 와야 하는데 SK의 아빠가 이제 다른 곳은 아예 은행에 넘겨버리고 이쪽 세탁소에 매달려 있기에 돈을 구할 수가 없게 된 것이다. 그 돈 문제를 해결하기 위해 자신의 딸인 SK까지 이용하리라고는 전혀 생각하지 못했다. 그런데 어느 날부터인가 SK의 옷차림이 야해지기 시작했고, 밤늦게까지 히스패닉들하고 돌아다니기 시작했다. SK의 목 주위에는 여기저기 키스마크가 있었다. 정말 믿고 싶지 않지만 약을 하기 위해서 SK의 엄마는 자신의 딸에게 약을 시켰던 것이다. 뿐만 아니라 크랙하우스라고 불리는 세탁소 앞 APT에서 한 달 이상을 딸과 함께 히스패닉들을 상대하여 몸을 팔고, 아빠에게 돈을 Pick-Up 하도록 한 것이다. 딸을 약에 중독시켜서 자신의 약값을 충당하는 엄마가 세상에 있을 수 있는가? 정말 있을 수 없는 일이 벌어진 것이다. 아빠의 간곡한 부탁으로 간신히 SK는 집으로 돌아왔으나 SK는 계속 엄마를 다시 집으로 오게 해 달라고 만일 그렇지 않으면 다시 크랙하우스로 가겠다고 아빠를 협박였고, 어쩔 수 없이 아빠는 엄마를 다시 받아들였다.

한동안은 모두가 잠잠하고 그런데로 새롭게 시작하는 듯하던 어느 날인가, SK가 약을 한 후 거의 벗은 차림으로 아빠 무릎 위에 앉아 아빠의 얼굴을 부비며 돈을 달라고 어리광을 부렸다. 그러자 아빠는 신체의 변화가 일기 시작했고, 얼마

뒤 엄마의 묵인 아래 SK와 아빠는 육체적 관계를 갖게 되었다. 약으로 인한 끔찍한 결과였다. 이러한 사태까지 왔는데 무엇을 어떻게 수습하여야 하는가? 가족 전체가 완전히 인간이기를 포기한 상황까지 온 것이다.

나는 이 끔찍한 사실을 어떻게 수습하여야 하는가에 대하여 고민하고 있다. 먼저는 SK와 아빠가 절대 함께 생활해서는 안 되기에 떨어져 있을 것을 권했지만, 아빠와 SK는 이미 이성의 관계가 형성되어 있기 때문에 떨어져 있는다는 것은 결코 쉽지 않을 것이라고 생각되어진다. 또한 SK 아버지는 절대로 약에 손을 댄 적이 없다고 말하고 있지만 내가 보기에는 그도 약을 하고 있는 것 같다. 가족 전체가 약물에 중독되어 있는 이 상황에서 이제 겨우 16세의 SK는 너무나 많은 것을 겪었기에, 다시 돌아온다 하더라도 그 충격들로부터 받은 상처는 아마 영원히 지워지지 않고 남을 것이다.

이렇게 약물에 손을 대게 되면 부모와 자녀 사이사이의 관계까지도 정상으로 유지할 수 없게 된다는 사실을 반드시 우리는 기억해야 한다. 정상적인 사람으로서는 감히 생각하고 상상할 수도 없는 일들이 약물의 세계에서는 가능하다는 것을 다시 한번 보여준 사례가 아닌가 생각된다.

이처럼 약물을 하게 되면 모든 것을 잃어버릴 뿐만 아니라 나의 가장 가까운 사랑하는 사람들에게까지 큰 상처를 입히게 된다. 약물은 절대로 손을 대서는 안 되는 금단의 열매인 것을 거듭 강조하고 싶다. 아니 부탁하고 싶다. 제발 마약만큼은 절대로 절대로 손을 대서는 안 된다고...

CASE 19

◆ 성명 : SL ◆ 나이 : 19세
◆ 성별 : 여
◆ 학업 : collage 휴학

자아를 통한 발견

 예쁘게 생긴 얼굴에 화장을 짙게 하고는 모든 남자들을 보면서 히죽거리고 다니는 SL은 이미 너무나 많은 약을 하였기에 정신분열증세를 일으키고 있다. SL은 정신과 치료제인 약을 하루 5번씩 챙겨먹는다. 치료약을 잘 먹을 때는 증세가 약하다가 약을 먹지 않을 때는 상당히 포악해져서 만나는 사람들을 때리거나 소리를 지르는 현상이 일어난다.

 SL은 공부를 많이 해서 교수가 되는 것이 꿈이었던 청순한 소녀였다. 적어도 약물에 손을 대기 전까지는 말이다. 그러나 약이라는 것에 손을 댄 후부터는 전혀 다른 사람이 되어버린 것이다. SL은 본인이 언제부터 스피드를 하기 시작했는지 조차도 기억해낼 수 없다. 그저 누군가 물어보면 자신은 마약을 전혀 모르며, 스피드라는 것이 무엇인지 전혀 알지 못한다고 한다. 그러나 그러한 정신병이 약물로 인하여 발생되었음은 확인된 사실이며, 이로 인하여 SL의 부모들은 온갖 방법을 다 동원해 보았다. 정신병원에도 가게 하였고 약물치료센터에도 가게 하였으나 모든 것이 다 허사로 돌아가고 결국은 다 늦어서 이미 정신병을 지닌 뒤에야 이곳 선교회까지 찾아오게 된 것이다.

SL은 유달리 책 읽는 것을 좋아한다. 그리고 남다른 상식이 참으로 풍부하며 언뜻 이야기하다 보면 전혀 SL이 정신병을 갖고 있다는 사실을 느낄 수 없을 정도로 멀쩡하기도 하다. 그렇지만 순간순간 자신을 착각하고 스스로 누구인지조차 모르는 상태에 빠져들어 부모를 때리고 주변의 누군가에게 심한 구타를 한다.

약물을 지나치게 하면서 무엇인가에 정신적 충격까지도 받은 경우로 보인다. 나는 SL에게 처방약을 권하면서 될 수 있는 데로 많은 이들과 어울리도록 권하고 있으며, 그들에게 사랑을 받게 되도록 유도하고 있다. 주변인들의 따뜻한 눈빛과 관심만이 SL을 안정시켜 주는 최선의 방법이라고 생각한다. 또한 듣든지 듣지 않든지 지속적으로 하나님 말씀을 이야기한다. 가끔 이상한 대답과 질문을 하기도 하지만 점차적으로 나아지고 있다.

이렇게 청소년들에게 가장 보편적으로 사용되어지는 스피드라는 약물은 앞서 언급한 예들처럼 정신병을 초래하는 경우가 많다. 그것은 스피드라는 약물이 완전 화학 성분에서 추출된 것으로, 예를 들면 염산이나, 화장실 등 하수도가 막혔을 때 뚫는 약품에 베이킹 파우더와 각종 비타민 등 다른 이물질을 섞어서 만든 것을 고체덩어리로 응고시켜 놓은 것이다. 이것을 유리 대공이나 알미늄 호일 등에 올려놓고 옛날 어른들이 곰방대에 담배를 피듯이 피우게 되는데, 여기에 사용되는 기구들은 일반 리커 스토어나 주유소 등에서 값싸게 구입하여 사용한다.

앞서 말한 케이스별로 본다면 대부분 스피드를 사용하는 이들에게 공통적으로 일어나는 현상은, 흥분제로 사고가 빨라지고 극도로 예민하여 말을 많이 하게 되는데, 심할 경우 혼자서 독백을 한다든가 자기 안에 그 누군가와 함께 계속적으로 이야기하게 된다.

또한 살이 갑자기 많이 빠지는데 그것은 이 약을 복용하게 될 때 식욕이 상실되어 식사를 하지 못하기 때문이다. 또한 혈압이 상승하고 심장 박동이 증가되어 흥분하기에 과잉으로 행동하게 되며 짜증이 나서 싸우기가 쉬워진다. 잠을 제대로 자지 못하고 거의 뜬눈으로 밤을 새우다가 새벽이나 약기운이 떨어진 후에야 비로소 잠을 잘 수 있는데 이것은 약물로 신체의 활동을 쉬지 않고 했기 때문에 극도로 지쳐 있는 상태이기 때문이다. 심한 경우 뇌에 손상을 입기 때문에 정신 착란이나 정신질환 등을 유발시키며, 심한 우울증과 자포자기하는 심정이 들어서 죽고 싶다거나 누구를 죽이고 싶다라는 증상이 일어나기도 한다.

의학적으로 살핀다면 자신에게 잠재되어 있는 부분들, 다시 말하면 평소에 느낄 수는 없지만 무의식중에 가지고 있던 부분들, 예를 들면 어릴 적에 많이 학대를 받았거나 성적인 집착이 있거나 다른 이들의 물건을 탐하는 것들, 혹은 누군가를 미워하고 저주하는 부분들이 있다면, 보통 때에는 이러한 것들을 이성적으로 억누르며 자신을 다스리는데 약물이 들어갈 경우 이 약한 부분을 억누르지 못하게 되면서 이러한 약한 부분들이 밖으로 표출되게 된다. 완전 자아를 상실하게 되는 것으로서, 약물을 복용했을 경우 자신이 아닌 다른 사람이 되어질 수 있다.

이러한 약물을 복용하다가 사용하지 않을 경우에 나타나는 것이 금단현상이다. 약물을 복용했을 때 과도한 활동으로 인하여 약 기운이 떨어지게 되면 몹시 피로하고 우울해지며 편집적 증상이 일어나기도 하는데, 이럴 때 옆에서 심한 충격을 가하게 되면 어떠한 사건이 벌어질 수도 있다는 것을 주의해야 한다.

또한 약을 많이 했을 경우에는 손을 떨기도 하고 자폐적 증상이 일어나서 주변 사람들과 어울리지 못하는 경우도 있으며, 약물을 하고 싶어서 안절부절하는 모습이 역력히 드러나기도 한다. 이러한 증상들이 나타나기 시작할 때는 이미 중독의 중기 단계에 들어선 것으로서 강압적인 저지가 있다 하더라도 약물을 끊기가 상당히 힘들다.

이렇게 약물이 나쁘다는 것을 우리의 자녀들은 너무나 잘 알고 있다. 그러나 자신도 해당된다는 것을 인식하지 않고 있다는 사실이 우리를 안타깝게 한다. 약에 손을 대고 있는 우리의 청소년들은 약물을 하는 것에 대한 자신을 정당화시키기 위하여 그럴듯한 이유를 항상 대고 있다.

부모의 잘못에 대하여 이야기하고 핑계를 대기도 하며 약을 어쩔 수 없이 하였다는 것을 거듭 강조하고 싶어한다. 이로 인하여 거짓말과 회피를 하게 되며, 여러 가지의 가면, 즉 몇 가지의 인격을 보여 주게 되는데 이를 커버하기 위하여 대화를 하지 않으려고 한다. 또한 '나는 안 돼' 라는 식의 말을 자주하며 동정을 받으려고 한다.

또한 원망의 대상인 누군가를 지목하여 공격하며 자신을 위로하는데, 극히 이기적인 요소가 다분히 들어있어서 무리한 요구나 소유를 통하여 자신이 피해자임을 입증하려고 한다.

청소년들이 주로 사용하는 마약

엑스타시와 Special K

청소년들 사이에서 현재 유행하는 약물 중의 하나인 엑스타시는 헤로인, 크랙, 스피드 등이 믹스가 되어 있다. 이는 스피드나 크랙과 같이 어떠한 도구를 사용하지 않아도 되는 것으로 다이레놀이나 에드빌같이 알약으로 만들어졌다. 이를 물과 함께 먹고 나면 한 30분에서 1시간 안에 효과가 나타나는데, 주로 성적인 충동이 일어나게 한다. 한 4시간 정도 약효가 지속이 되며 한 알에 $20 정도로 특히 여자아이들이 많이 사용하고 있다. 이것을 사용하였을 때 스킨십을 갖고 싶어하며, 눈꺼풀이 내려앉고 동공이 게슴츠레하게 풀리며 흐느적대는 것이 대부분이다.

엑스타시는 요즘 유행하는 레이브라는 댄스파티에 가면 얼마든지 구입할 수 있다. 레이브란 미국의 오래된 댄스파티로서 요즘 생겨난 것이 아니다. 그러나 한인 청소년들 사이에서 급격히 유행하게 된 것은 이곳에서 많은 것들을 경험하기 때문이다. 처음에는 주말에 (금-일)에 주로 하던 것이 많은 이들이 모임으로 요즈음은 (수-일)까지 거의 매일 밤 레이브 파티가 열린다.

   수요일은 LA에서 목요일은 Santa Monica에서, 금요일은 San Brnardino에서 토, 일요일은 산발적으로 아주 많은 곳에서 열리고 있다. 처음에는 공원, 산, 사막에서 인적이 드문 곳에서 모였지만, 지금은 식당, 술집 등 일정 장소에서 주기적으로 열리고 있다. 대부분 우리 한인 청소년들이 많이 가는 곳은 주로 멀리 떨어진 곳보다는 LA 근교 일정장소에 있는데 청소년들 뿐 아니라 나이가 지긋한 한인 아저씨들도 간간이 참석하고 있다. 이는 어린 여자들을 구하기 위한 이유가 대부분이다.

   음악은 비트가 강한 리듬으로만 계속적으로 반복되어 두뇌에 강한 영향을 미치는데, 청소년들은 이 레이브 뮤직이 클래식 음악을 빠른 템포로 돌려놓은 것이라고 이야기한다. 전문가가 아니기 때문에 정확히 말할 수는 없지만, 이 레이브 음악에 빠져 있는 아이들은 이를 듣지 못할 경우 클래식을 듣는다고 한다. 한국에서는 테크노 뮤직이라고 하여 요즘 급격하게 인기를 끌고 있는데 바로 이것이 레이브 음악인 것이다. 레이브 파티에서는 갓난아이들이 빠는 젖꼭지에 줄을 길게 매달아 목에 걸고 이를 입에 물고 있는데, 이는 엑스타시를 사용하였을 경우 무엇인가 물고 싶어하는 충동이 있기에 조절이 되지 않을 경우 이빨이 상할 염려 때문이라

고 한다. 또한 손에는 야광으로 팔지나 목걸이 등을 착용하고, 똑같은 몸짓으로 뛰어가는 말 모양의 춤을 반복적으로 추다가, 갑자기 멈추어 멍청히 서있기도 한다. 이곳에서는 남녀관계가 자연스레 이루어지며, 보통 이 파티는 새벽까지 지속된다.

필자가 LA에 있는 레이브를 방문했을 때의 일이다. 그때가 밤 11시 정도쯤 되었을 것이다. 음악소리는 귓청이 떠나갈 정도로 크게 밖에까지 새어나오고 있었으며, 사람이 얼마나 많이 모였는지 들어가는 입구에는 미처 들어가지 못한 청소년들이 한 60~70명 정도 줄을 서 있었는데 그 중 1/3 정도는 한인 청소년들이었다. 삼삼오오 짝을 지어 서 있는 그들은 흥분이 고조되어 있었으며, 그곳에서 일하는 이들까지도 반은 한인이었다. 또한 레이브 파티의 주인 중 하나가 한인이라는 충격적인 소문도 있다. 기다리고 서 있던 15세 정도 되어 보이는 청소년 아이가 핸드폰으로 엄마에게 전화를 하고 있었다.

"엄마 나야. 나 친구들하고 영화 보러 왔거든? 근데 지금 시작하니까 많이 늦을 거야. 걱정하지 말고 그냥 자. 엄마 사랑해." 그것을 쳐다보는 내 가슴이 아파

왔다. 또 어떤 아이는 그곳에서 나오면서 나와 눈이 마주치자 "어, 여기 나쁜 데 아니에요. 여긴 술도 팔지 않아요" 그렇다. 술을 팔지는 않는다. 그러나 약을 팔고 있다.

한참을 실갱이를 한 뒤 겨우 그곳에 들어서자 입구에서는 물과 옷가지 그리고 장신용구 등을 팔고 있었다. 문을 하나 지나면서는 바로 앞에 있는 사람의 얼굴도 알아보기 힘들 정도로 어두웠고, 간간이 쏘아대는 레이저 불빛과 함께 쾅쾅거리는 음악을 도저히 제정신으로는 들을 수 없었다. DJ중 하나는 약을 하면서 제 정신이 아닌 모습으로 음악을 틀고 있었으며, 2층으로 되어 있는 큰 건물 한쪽에는 마리화나, 다른 한쪽에는 스피드 전체적으로는 엑스타시를 한 아이들이 그룹별로 모여 있었다. 1,500명은 훨씬 넘어 보이는 청소년들 사이에 한인 청소년들이 반 이상이 있었는데, 그들의 대부분은 춤은 추지 않고 한데 쓰러지고 엎드러져 엉켜 있었는데, 남녀는 서로를 진하게 만지고 있었고 동성끼리라 할지라도 이상한 포즈를 취하고 있었다. 그곳은 춤을 추기 위하여 모인 곳이 아니라 그 누구의 방해도 없이 마음놓고 약을 하기 위하여 모이는 장소인 것이다.

레이브는 청소년들의 탈선의 현장임이 분명하다. 그러나 이곳에는 호기심으로라도 청소년들이 모이게 되어 있기에 거의 모든 아이들이 한두 번씩은 갈 수 있다는 것을 염두에 두길 바란다. 물론 그곳에 갔다고 하여 갑자기 잘못되어지는 것은 아니겠지만, 주체의식이 없는 우리 청소년들에게는 그야말로 위험천만한 장소라는 것이다. 불과 한 시간도 되지 않아서 그곳을 나왔지만 내 귓가에는 여전히 쾅쾅거리는 소리가 맴돌고 있었다. 그러나 정신은 아주 맑았으며 잠도 오지 않았고 기분이 상쾌하였다. 약물의 간접흡연 때문이라는 것을 나는 잘 알고 있었다. 차를 운전하고 나오면서 끝임없이 들어오는 차량의 행렬은 거의가 BMW, 벤츠, 렉서스 등 최고급 자동차들이 대부분이었고, 차 안에는 이제 겨우 10대를 넘어선 것 같은 청소년들이 여자는 화장을 짙게 하고 거의 벗은 듯한 옷차림으로, 남자아이들은 색색깔 머리를 염색하고 히히덕거리며 4-5명씩 타고 있었다.

부모들이 우리 아이들은 염색하지 않았으니까 하고 안심할지 모르지만 요즘은 스프레이로 뿌리는 염색약이 있어서 머리에 뿌리게 되면 염색이 되고 머리를 감으면 지워지기 때문에 얼마든지 부모의 눈을 속일 수 있다는 것을 알아야 할 것이다. 그들은 주로 부모 몰래 옷차림이나 머리 능을 하고 다니는데, 부모가 집에 있을 경우에는 창고나 친구 집에서 옷을 갈아입는다. 그러므로 자녀 친구들의 옷차림이 이상할 경우에는 내 자녀도 안심할 수 없다라는 사실을 기억하기 바란다.

또한 이들은 엑스타시가 얼만큼 나쁘다는 것을 알고 있지만 사용하기가 편하기 때문에 많이 복용하고 있다. 하지만 엑스타시는 보통 스피드를 쉬지 않고 2주 이상 하는 정도만큼이나 신체에 악영향을 주는데, 하루저녁 보통 2알 정도를 복용하게 된다. 복용자들은 이튿날 아침 일어날 때 심한 복통을 일으키며 메스꺼움으로 식사를 하지 못하고, 심한 경우에는 헛구역질을 많이 한다. 여자아이들은 이를 다이어트 필처럼 사용하는 경우가 많이 있다. 이것을 할 경우 다이어트에는 최고의 효과를 보장하기 때문이다. 문제는 여기서 끝나지 않는다. 약물도 계속적으로 사용하다보면 그 효과가 감소되기 때문에 더 강도가 높은 약을 찾게 되고, 그 수요가 늘어감에 따라 충족시키기 위해 더욱 강도 높은 약이 유행하게 되는데 그 중 하나가 바로 Special K이다. 이것은 주로 엑스타시를 하고 난 다음 코로 들이마시는데 한 줄에 $5 정도 하고, $20에 한 봉을 살 수 있는데 그것은 대여섯 번을 할 수 있는 양이다.

복용자들이 말을 빌리자면 첫번째 한 줄을 마실 때 큰 구멍이 여기 저기 보인다고 한다. 두 번째 줄을 하게 되면 물건이 크고 작고 원하는 대로 보이고, 세번째 줄을 하게 되면 손가락으로 여기 저기를 누르면 모든 물체 안에 손가락이 쑥 빨려들어간다. 네 번, 다섯 번째 줄을 들이마시면 완전 파노라마의 총천연 색깔들이 눈앞에 환상적인 무지개를 그리며 자신을 둘러싸고 뺑뺑 돌아가는데 그 기분을 한번 맛본 이들은 다시는 그 맛을 잊을 수 없다고 한다.

아주 강한 중독성을 갖고 있는 이 Specia K의 원료는 고양이 죽이는 약이다. 이 사실만으로도 이 약이 얼마나 독하고 인체에 해가 되는지 아마 상상이 되리라 믿는다. 이러한 종류의 약들이 우리 청소년들을 유혹하고 있다는 것을 우리 부모들은 상상도 못했으리라 생각한다.

CASE 20

◆ 성명 : AL   ◆ 나이 : 16세
◆ 성별 : 여
◆ 학업성적 : 고등학교 중 상위권

자녀를 위한 결단

　AL은 어릴 적부터 아주 예뻤다고 한다. 정말 내가 보더라도 긴 생 머리에 아주 동그란 눈과 도톰한 입술이 눈에 띄게 예뻤다. AL의 아버지는 목사님이다. 나는 그를 존경하고 가깝게 지내고 있기에 가끔 넌지시 AL에 대하여 묻곤 했다. 그것은 내 눈에는 AL이 결코 정상적으로 보이지 않았기 때문이다. 분명히 무슨 일이 있는 것 같았고, 물론 약물도 하고 있다는 느낌을 받았기 때문이다. 그래서 목사님께 정확하게는 말할 수 없었지만 항상 염두에 두고 어떤 일이라도 그냥 지나치지 말고 나에게 이야기해달라고 부탁하였다. 그 목사님은 아주 근엄하고 별로 말이 없는 목사님으로, 많은 사람들이 그를 존경하고 따랐기 때문에 참으로 믿음 안에서 AL를 잘 인도해 나갈 것이라고 생각했다.

　AL에게는 오빠가 있었다. 오빠는 아주 공부도 잘하고 운동도 잘하며 무엇하나 빠지지 않고 잘하는 성실한 학생으로서 부모들의 자랑거리이기도 했다. 얼마 전 대학에 입학을 하면서 자기 스스로 용돈도 벌어 쓰며 부모의 걱정을 한시름 덜어

주는 누구나 부러워하는 아들이었다. 그러나 AL은 오빠와는 정 반대로 틈만 나면 친구들과 어울려 다니며 이상한 행동을 하고, 시간만 나면 방문을 잠그고 앉아서 무엇을 하는지 도무지 부모와 함께 있지 않고 살살 피해만 다니는 것을 보았을 때 목사님은 설마 하는 마음이었을 것이다.

  목사님은 그렇기에 나에게 아무런 이야기도 하지 않으셨으며, 당신의 아들을 자랑스레 생각하고 있고, 그러한 오빠가 동생을 잘 보살피고 있다고 생각하기에 별다른 걱정은 하지 않았다고 했다. 적어도 그 일이 생기기 전에는 말이다. 아버지의 사랑은 딸이라 했던가? 내가 신신당부하던 말을 뒤로 한 채 차를 사달라고 조르며 애교를 부리기에 어쩔 수 없이 차를 사 주게 되었다. 그러나 차를 사 준 지 한 달도 채 되기 전 사고가 났다. AL의 남자친구가 그 차를 운전하고 달리다가 큰 사고를 낸 것이다. 그런데 문제는 그들이 약을 하고 있었으며, 마리화나를 피우면서 운전을 한 것이 드러난 것이다. 다행인지 불행인지 사고는 어떻게 무마가 되어 그냥 보험에서 모두 처리가 되었으며, 약 문제에 관해서도 지나가게 되었다. 그러나 목사님은 AL가 약을 한다는 사실을 알고 너무나 큰 충격에 휩싸이게 되었다. 어떻게 해야 할지 몰라하는 것은 두 번이째고 교인들과 주변의 사람들에게 창피하여 숨기려고만 했다. 나는 AL을 학교에 보내지 말 것을 권유하였다. 또한 아무 곳에도 보내지 말고 반드시 부모와 함께 움직이며, 친구들이나 남자친구들에게 연락을 하지 못하도록 비퍼나 전화를 바꿔 주지 말고 차는 절대로 주지 말라고 하였다. 그러나 한동안 AL이 잘하고 있기에 괜찮겠지 하는 마음과 부모로서 안스러운 마음에 AL이 좋아하는 다른 목사님 아들과 연결을 시켜 주어 그 교회 새벽기도에 함께 나가게 하고 그 친구와 함께라면 어느 곳이든 보내주도록 하였다. 그것이 도박이라는 것을 왜 몰랐을까? 결국 AL은 그 친구에게 약을 가르쳐 주었고 함께 약을 하기 시작한 것이다. 주로 그들은 엑스타시를 많이 하였으며, 육체적 관계까지도 갖게 되었다. 왠지 AL은 화장실만 들어가면 나올 줄을 몰랐고 헛구역질을 많이 하면서 식사를 전혀 하지 못했다. 이를 너무나 이상하게 여긴 AL의 엄마는 유심히 살피다가 혹시나 임신이 아닐까 하는 걱정으로 병원에 데리고 가게 되었다. 검사 결과는 약물중독이었다. 이미 많이 늦어 있는 상태로 손을 쓸 수 없을 정도로 심하게 중독되어 있는 AL은 격리생활을 필요로 했다.

나는 목사님께 AL을 구하기 위해서는 믿음밖에 없으나 약물을 하고 있는 이상 믿음생활을 한다는 것은 힘들다고 설명하였다. 그때 목사님은 중대한 결정을 하였다. 목회하시던 교회를 사임하시고 남미 선교사로 AL을 데리고 가기로 한 것이다. 그 오지에 물도 제대로 나오지 않는 어렵고 힘든 곳에 자녀를 데리고 간다는 것은 쉬운 결정이 아니었지만, 그래도 자녀를 위하여 또 하나님 일을 위하여 다른 이들에게 본이 되지 않을까 염려하는 마음으로 선교지로 떠나시게 된 것이다. 1년이 다 되어가고 있는 지금 간간이 연락이 오는데 열심히 잘 생활하고 있으며, AL도 어쩔 수 없이 갇힌 듯 생활하고 있다고 했다. 그러나 그곳의 생활에 보람과 기쁨을 느끼고 있으며, AL도 하루가 다르게 얼굴이 밝아지고 있다고 한다. 나는 목사님의 이러한 결정에 존경을 표한다. 결코 쉽지 않은 결정이었음에도 불구하고 결단을 내릴 수 있었던 목사님이었기에 AL은 반드시 돌아오리라 확신하고 있다.

CASE 21

◆ 성명 : JL ◆ 나이 : 15세
◆ 성별 : 여
◆ 학업 : 고등학교 재학중

레이브 파티

　JL을 그의 친구들은 레이브 걸이라고 말한다. 왜냐하면 JL은 언제나 레이브에 나타난다. 그리고 거기에 빠져 있다. 아니 좀더 솔직하게 말한다면 엑스타시에 빠져 있다. JL이 상대한 남자들은 헤아릴 수 없이 많다. JL은 얼마 전 XX에서 주최한 미인대회에서 입상을 했으며, 그로 인하여 그녀의 인기는 최고로 높아 가깝게 지내려고 많은 남자아이들이 JL의 옆을 서성거렸다. JL은 보통 9시에서 9시 반 사이에 레이브 파티에서 들어가면서 엑스타시 흰 알을 먹는다. 한 3시간 그곳에 머물면서 괜찮아 보이는 남자들과 짝을 짓는다. 반드시 한 명이 아니라도 상관없다. 여러 명과도 짝을 지어 놀다가 밖으로 나올 때쯤 다시 약 하나를 더 복용하고 그날 만난 아이들과 함께 가까운 모텔이나 그 중 혼자 사는 아이 집으로 몰려간다. 그리고 그곳에서 다시 광란의 파티를 벌이는 것이다. 보통 이러한 파티를 가리켜 그들은 오지파티라 한다. 오지파티란 그룹으로 성 관계를 갖는 것으로서 남녀의 명수에 관계없이 되는 대로 뒤엉켜서 즐기는 것을 말한다.

얼핏 우리는 상상이 안 되겠지만 포르노 영화에서나 볼 수 있음직한 것을 상상하면 된다. 그리고 새벽녘에야 잠이 들고 대부분 아침 늦은 시간까지 일어나지 못하는 것이다. JL의 엄마는 지금도 자신의 딸을 예쁘고 얌전한 착한 아이로만 생각한다. 나는 JL의 엄마를 아직 만나지 못했다. 그러나 JL의 친구들의 말을 빌리자면 JL은 집에서는 그렇게 착한 딸일 수가 없다고 한다. 가끔 설거지도 하고 빨래도 하며 집안 구석구석을 청소하기도 하고 적당히 애교도 있고 부모의 말에 순종하며 아주 얌전하게 있다고 한다.

그렇기에 부모들은 완전히 JL의 말을 믿고 있으며 다른 아이들은 타락한다고 해도 내 딸만큼은 절대로 그렇지 않을 것이라는 확신을 넘어선 신념을 갖고 있다고 한다. 분명히 JL은 약을 다량으로 복용하고 있다. 상당히 말라 있는 몸매가 다른 이들 보기에는 매력적으로 보일 수도 있겠지만, 적어도 내가 보기에는 약물로 인한 증상으로 확인되는 증거일 뿐이다. 그러나 JL이 약물을 복용한다는 것을 알지만 남자관계에 있어서는 직접 내 눈으로 확인하지 않았기 때문에 언급할 수가 없는 것이 참으로 안타까울 뿐이다.

나는 JL의 부모를 빠른 시일 내에 만나려고 한다. 물론 부모들은 나를 보고 제정신이 아니라고 욕하겠지만, 이러한 일은 언제나 있어 왔던 일들로 감수를 해야 할 부분이기에 이제는 화가 나고 내가 왜 이러한 이야기를 그들에게 해야 하는가란 회의조차도 느끼지 않는다. 아마도 JL의 부모를 만나면 제일 먼저 이 말을 해야 한다고 생각한다. 부모가 JL을 이해하고 JL의 입장이 되어서 나의 이야기를 듣기 전에는 그를 지금보다 더욱 나쁜 상황으로 몰아갈 수는 있어도 절대로 돌이킬 수 없을 것이라고.

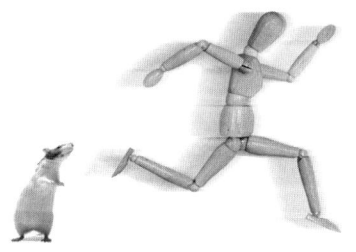

CASE 22

◆ 성명 : TA ◆ 나이 : 16세
◆ 성별 : 남
◆ 학업 : 고등학교 휴학 중

감싸줌의 아름다움

　허겁지겁 TA의 엄마가 선교회로 달려왔다. 바로 며칠 전 눈물을 흘리면서 TA가 이상하다고 상담을 해 왔는데 그때 이미 약물의 심각성에 대하여 충분히 설명을 하였고, 예견했던 일이 불과 일 주일도 되기 전에 사건으로 터진 것이다. 부모의 높은 교육열로 없는 형편에 꽤 학군이 좋다는 P시로 이사를 하여 살았던 TA가 탈출하고 싶고 벗어나고 싶었던 것은 아버지의 간섭과 폭력 때문이었다.

　TA는 비교적 순하고 마음이 여린 학생이다. 특별하게 남을 해하고자 하는 성격이나 어떠한 잘못을 저지를 만한 성격을 지니고 있는 친구가 아니다. 그러나 TA가 극도로 아버지를 미워하는 마음은 어떠한 사건이든지 저지를 수 있게 했다. TA가 자신이 아버지를 죽여야지만 자신이 죽지 않을 것 같다고 고백하는 것을 들으면서, 아버지에 대한 그 미움이 정도를 넘어서 증오로 변해 있다는 것을 단번에 알 수 있었다. 그러나 아버지 앞에 서 있으면 한없이 작아지는 자신의 모습을 보면서 무슨 일이든 사건을 일으켜 아버지의 가슴을 아프게 해야겠다는 어리석은 방법을 선택하게 된 것이다. 언제나 사건을 일으킬 준비를 하고 있는 그에게 한 친구의 접근은 도화선이 되었고, 엑스타시라는 약을 하기 시작하면서 레이브를 가기 시작했다.

그 근처 P시에 있는 한인 학생들은 거의 레이브에 함께 가고 함께 어울리는 절친한 친구들이 되었고, 서로가 약의 의리로 뭉쳐진 갱 아닌 갱들이 되어 있었던 것이다. 이 사실을 전혀 알지 못했던 부모는 밤늦게 다니고 가끔은 집에 들어오지 않는 TY를 더욱 미워하고 구박하기 시작했다. 아버지는 어느 날인가 심하게 TY를 때리기 시작하였다. 이를 견디다 못해 집을 가출한 TY는 근처 친구 집에서 함께 생활하였다.

부모가 일 나가는 낮에는 잠을 자고 밤에는 여기저기 돌아다니며 한 달 정도 생활을 하였다. 레이브도 가야 하고, 음식도 사 먹어야 하고 담배도 사야 하고 약도 사야 했기에 돈이 많이 필요했던 그는 결국 돈을 만들기 위해 친구들이 모여 발상한 것이 가짜 돈을 만들어 내는 것이었다. 자기들은 최선을 다하여 정교하게 $1짜리 돈을 만들어서 마음껏 쓰고 다녔으나 얼마 되지 않아 많은 이들이 알게 되었고 그들은 법정까지 서게 되었다.

TY는 법정에서 우여곡절을 겪은 후 간신히 선교회로 이감될 수 있었다. 이 사건이 알려지면서 주변의 TA 친구 부모들에게 모두 알렸다. 이들이 지금 모여 다니면서 무슨 짓을 하고 다니는지를 TA 엄마는 일일이 찾아다니며 그들도 나의 자녀라 생각하고 걱정을 하며 눈물로 호소하였다. 그러나 귀담아 듣는 이는 아무도 없었다.

　무조건 그 부모들은 TA 엄마를 몰아붙이기 시작했다. 정말 아무런 잘못도 없는 자기네 아이들을 TA가 꼬여서 모두 잘못된 길로 가게 했으며, TA만 없으면 자신들의 자녀들은 결코 문제를 일으키지 않을 것이라고 오히려 화를 낸다는 것이었다. 그들이 레이브를 다니고 그곳에서 약물을 한다고 설명을 하여도 부모들은 한때 그럴 수도 있는 것이라고 말하며, 별 문제가 되지 않는다고 이야기하였다. 또한 학교도 안 빠지고 공부도 잘하는데 무슨 문제가 있겠는가 라고 전혀 걱정하지 않았다. 이것이 장담할 것은 못 되고 또 그렇게 되길 바라지도 않지만, 분명히 빠른 시일 내에 TA의 친구들은 문제가 있을 것이다. 그 때를 어떻게 대비할는지….

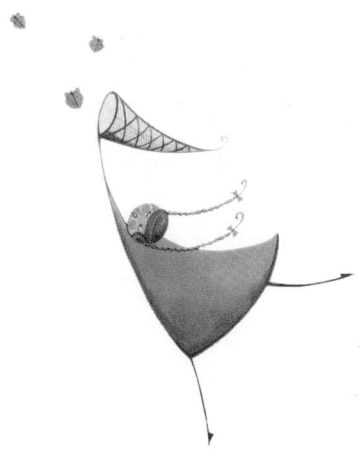

CASE 23

♦ 성명 : NK ♦ 나이 : 17세
♦ 성별 : 여
♦ 학업 : 고등학교 재학 중

부모의 역할

 딸아이의 잦은 가출로 인하여 고통을 받고 있다며, 자신은 딸에게 모든 것을 다 해주고 오직 자녀만을 위하여 살았는데 그 딸에게 맞기까지 한다고 하소연하는 엄마의 울먹이는 목소리만으로는 무조건 딸이 나쁘다고 단정지을 수가 없었다. 그래서 딸을 데리고 찾아오기를 권유하였다.
 며칠 후 번개가 치고 비바람이 유난히 불던 어느 날, NK가 집으로 들어왔을 때 엄마는 무조건 NK와 함께 바로 선교회로 왔다. NK와 엄마의 말은 일치되는 부분도 있었지만 너무나 생각하는 것이 달랐다. NK는 외모에 상당한 콤플렉스를 가지고 있는 여학생이었다. 자신이 뚱뚱하고 못생겼으며 공부도 못하는 멍청하고 미련한 아이라고 생각하고 있었으며, 자포자기하는 심정으로 살아간다고 했다.
 NK는 2년 전 친구를 만나고 돌아오는 길에 어떤 이로부터 강간을 당한 적이 있는데, 경찰의 인도로 집으로 돌아올 수 있었다. 옷은 찢기고 맞아서 부어오른 얼굴을 엄마는 때리고 또 때리면서 그놈 누구냐고 NK에게 화를 내고 소리를 질렀다. 몇 날을 맞았는지 그리고 얼마나 울었는지 모른다. NK는 그 사람이 누군지 알지도 못할 뿐더러 자기가 그러한 상황인데 어떻게 자신을 위로해 주기는커녕 윽박지르고 때리기까지 하는 엄마가 정말 야속했다. 정작 죽고 싶은 사람은 자기인데 어떻게 부모가 저럴 수 있을까 하며, 그저 자기가 죽어야 된다라는 생각을 굳혔다고 했다.

시간이 지날수록 그 아픈 기억은 없어지지 않고 더욱 생생해졌다고 한다. 그것은 NK가 조금만 늦게 들어오거나 무슨 잘못만 해도 무조건 엄마는 "저러니 강간이나 당하고 돌아다니지. 너 또 그런 일 당하고 싶으냐?" 라는 식으로 거의 매일 귀에 못이 박히도록 이야기를 했다는 것이다. 그것이 어떻게 자기 잘못이냐며 NK는 서럽게 울었다.

NK가 참다못해 될대로 되라는 심정으로 가출을 하고 자신의 몸을 함부로 하고 다니기 시작한 것은 컴퓨터 채팅을 통하여 이성친구들을 사귀면서부터이다. 글로 얘기하고 얼굴을 보지 않았기 때문에 자신이 갖고 있던 아픔들과 하고 싶었던 이야기들을 누군가와 나누다보니, 자신의 심정을 이해해 주는 그 친구들이 좋았고, 그 친구들을 통하여 또한 용기를 갖게 되었다. 그래서 첫번째 가출을 결심하였고, 자유를 맛보았다. 그 시간 동안 많은 남자들과 관계도 있었다. 이러한 한번의 가출이 이제는 습관적인 가출이 되어서 한 달에 2-3번은 반드시 가출을 하게 된 것이다. 가출을 하여 채팅에서 만난 남자친구 집과 모텔을 전전긍긍하고 다녔다. 그러다 남자들이 싫어하는 눈치를 보이면 집으로 다시 들어왔고, 또 싫으면 다시 나가는 식이었다. 그러기를 1년 정도를 계속하였고, 엄마와 NK는 심하게 다투게 되어 서로 육탄전까지 벌이게 되었다. 너무 심하게 구타를 당한 NK는 경찰을 불렀고, 이러한 상황은 엄마와 NK와의 문제를 더욱 심각하게 만들었다.

거기다 NK는 엑스타시라는 약물을 지속적으로 복용하고 있었는데 자신의 신체적 약점인 살을 빼기 위하여 시작했던 것이 중독까지 오게 하였던 것이다. 그러나 이상한 것은 NK는 보통 이들과는 달리 약을 하더라도 살이 빠지지 않는 특이한 신체적 조건을 갖고 있었다. NK는 더욱 더 안타까움에 약에 매달렸고, 이로 인한 증상으로 남자관계를 병적으로 원하게 된 것이다. 부모의 잘못된 행동이 결국 NK를 궁지까지 몰아갔고, 결국에는 끝까지 가게 된 것이다. 엑스타시는 거의 모든 이들에게 성적인 충동을 많이 일으킨다.

CASE 24

◆ 성명 : PL ◆ 나이 : 16세
◆ 성별 : 남 ◆ 학업성적 :
　고등학교 휴학 성적은 중하위

아픔 그리고 상처

　질끈 묶은 머리때문인지 처음보는 느낌이 꼭 가수같다는 생각이 들었다. 짙은 눈썹에 약간 삐뚤어져 올라간 입술, 그리고 선이 강한 얼굴은 아주 미남형이었고, 조금은 반항적이지만 매력이 있는 모습이었다. 캔디캔디라는 만화에서 나왔던 테리우스와 같은 그런 매력이라고나 할까?

　PL은 커다란 백을 메고 선교회에 자기발로 찾아온 유일한 아이였다.

　"어떻게 여기까지 오게 되었는가?" 물으니 "친구들 사이에서 소문이 났는데 이곳에 오면 먹여 주고 재워 준다고 해서 왔습니다."라고 대답하는 PL의 중저음의 목소리는 자신없이 기어들어가는 듯했다. 모든 것에 자신도 없고 숫기도 없어 보였지만 인간은 먹고 사는 것에 대한 본능적 애착이 있는 것인지…. 어떻게 이런 아이가 자기 발로 이곳에 찾아올 수 있었을까? 참으로 의문스러웠다.

　PL는 자라온 환경에 대하여, 부모에 대하여, 아무리 물어봐도 눈만 내리깔고 있어서 그에게는 아무런 이야기도 듣지 못했다. 그런데 마침 PL과 함께 약을 했던 아이가 본 선교회에 있어서 그 아이로부터 PL의 이야기를 들을 수가 있었다.

지독한 노름쟁이 아버지와 이를 어떻게 하든지 말려 보려는 어머니 사이에 태어난 PL은 장남이었다. 밑으로 동생이 하나 있지만 지금은 어디에 있는지조차 알 수 없다. 어머니는 아주 부잣집 딸이었다고 한다. 부모들의 극심한 반대를 무릅쓰고 억지로 결혼을 한 터라 어떻게 하든 잘 살아보려고 무던히도 노력을 했었는데…. 한국에서 가져 온 돈은 다 노름으로 날리고 허구헌날 술과 주정으로 어머니를 패는 아버지. PL에게는 그래도 그때가 가장 행복했던 때였다.

매일매일을 먹을 것조차 없이 눈물과 한숨으로 견디다 못한 어머니가 자신이 살고 있는 집에 불을 지른 것이다. 모두다 죽자! 이렇게 살아서 무엇 하나!하고 말이다. 그러나 생명은 하나님이 주관하시는 것! 불행 중 다행으로 모진 삶은 끊어지지 않고, 네 식구 모두 털끝하나 다치지 않고 생명을 부지하게 된 것이다. 그러나 이일로 인하여 어머니는 Jail에 가게 되었고, 법정에서 아버지도 도저히 자녀를 양육할 수 없다고 판단하여 18세가 될 때까지 다른 가정에서 보호를 받아야 한다고 판결이 내려진 것이다.

식구들은 뿔뿔이 흩어졌다. 아버지는 어디론가 가 버리고 이제 갓 세 살이 된 동생은 누군가의 집에 맡겨졌는지조차 모르며, PL 자신은 어느 흑인가정에 보호를 받게 되었는데 음식도, 풍습도, 문화도 다른 그 가정에서 참다참다가 견디다 못해 도망을 쳤다. 이후 법정에서 계속 다른 가정으로 보냈지만 그때마다 견디지 못하고 도망하여 결국 길거리에서 잠자리도 없이, 먹을 것도 없이 경찰에 쫓기는 신세가 된 것이다. 너무나 배고프고 추워서 여기저기 도움을 청하다가 나눔선교회까지 오게 되었다는 것이다. 참으로 가슴아픈 일이었다.

이후 잃었던 웃음도 되찾았고, 자신의 삶에 대하여 부담없이 이야기할 정도로 치료도 받았으며 법적인 문제도 해결하였지만, 아직 자신의 환경에 대한 불만이 늘 가슴 한구석에 남아 약물로 해결하려는 나쁜 습관이 남아 있기도 하다. 지속적인 치료가 있어야 하겠지만 왜 그리도 그 삶이 우울한지…. 그러나 하나님의 사랑은 PL의 마음을 언젠가는 녹여 주실 줄 믿는다. 다만 따스한 사랑의 마음으로 PL과 대화하는 데 노력을 하고 있다.

CASE 25

◆ 성명 : S.Y ◆ 나이 : 23세
◆ 성별 : 여
◆ 학업 : 고등학교 졸업

한 영혼도 하나님은 사랑하십니다

눈웃음을 살살 치면서 이야기하다 말고 갑자기 내 뺨을 철썩 때리는 SY에게 화가 머리 끝까지 났었다. 그러나 SY가 정신이상자였기 때문에 화를 풀었지만 매우 기분이 나빴었다. 문제는 여기서 끝나지 않았다. 어느 날인가 모든 형제, 자매들과 함께 성경공부를 하고 있는데 갑자기 3층 사무실에서 우당탕하는 소리와 괴성이 들려오는 것이 아닌가? 깜짝놀라 3층으로 뛰어올라갔는데, SY가 봉사자의 머리를 휘어잡고 발광을 하고 있었던 것이다. 곧바로 이를 저지하였지만 봉사사는 이미 기셜한 후였다. SY는 부모가 한국에서 미국으로 불법이민을 한 후에 한국에 혼자 남아 외로움과 싸워가며 학생시절을 보냈다. 이후 부모가 간신히 영주권을 취득한 후 SY을 초청하였지만 한국에서의 외로움보다 말이 통하지 않는 미국에서의 외로움이 아마도 SY의 마음을 더 슬프게 했던 것 같다. 뉴욕에 정착을 하여 학교에 등록을 했는데, 자신과의 싸움도 버거운 SY에게 또 다른 큰 시련이 닥쳤다. 낯선 백인남자에게 강간을 당하고 거기다 마약까지 배우게 된 것이다. 이미 마음에 상처와 시련을 감당할 수 없었던 SY은 지속적으로 스피드와 스피드볼(헤로인과 코케인, 크랙, 스피드를 믹스한 약)을 복용하였고, 이로 인하여 정신질환까지 얻게 되었다. 그러나 더 큰 문제는 치료 후 제정신이 돌아왔을 때 누군가를 매우 사랑하게 되었고 인생을 새롭게 시작하고자 하였으나 그 상대로부터 버림을 받았기에 더욱더 약물에 의존하게 되었으며 결국 원치 않는 결과를 가져오게 된 것이다. 이후 정상적인 생활을 할 수 없어 정신병원과 기도원을 떠돌아다니었지만 가는 곳마다 문제를 일으키고 쫓겨나 더 이상 갈 곳이 없어 헤메다가 부모의 간곡한 부탁으로 선교회에서 도움을 주고 있었다. 많은 이들은 SY이 귀신이 들렸다고 말한다. 물론 영적으로 잘못되어 있기도 하지만 분명한 것은 심하게 스피드볼을 하여 뇌에 이상이 생겼음도 사실이다. SY는 아주 난폭하고 과거에 자신의 남자에 대한 편집증이 있었는데, 조금 전의 그 사건은 그 남자와 닮은 19세도 안 된 형제와 봉사자의 사이를 오해하여 일어난 사건이었다.

  SY는 자다가 갑자기 가위로 엄마를 찌르기도 했고, 자고 있는 임신 9개월된 정신과 상담의사의 배를 걷어차기도 했다. 이렇게 폭력적인 SY를 더 이상 선교회에서 보호할 수가 없었다. SY의 부모는 무조건 선교회가 하나님의 사랑으로 일하는 곳이므로 자신의 자녀를 돌봐 주어야 한다며 우기고 매달리지만, 참으로 안타까운 것은 SY 하나만을 보호하는 곳이 아니며, 더구나 SY의 폭력사건이 봉사자가 아닌 형제, 자매에게 일어난 일이었다면 선교회에도 큰 문제가 되기 때문에 더 이상 SY에게 도움을 줄 수가 없었다. 예수님께서는 SY의 영혼도 사랑하시는데… SY를 돌볼 수 없는 상황들이 원망스럽기만 하다.

CASE 26

- 성명 : SM ◆ 나이 : 17세
- 성별 : 여
- 학업 : 고등학교 졸업

엄마의 바램

"내가 왜 이런 데 와야 하는데.""왜… 앙---"하고 울어 버리며 미친 듯이 소리지르는 SM은 이미 재활원의 생활을 할 만큼 해본 그야말로 이 바닥에선 산전수전을 다 겪은 노련한 선수였다. 그러나 약물을 소지하고 있다가 경찰에 걸렸고, 18세 미만이었기 때문에 별다른 문제는 없었지만 County Jail에서 한 3일을 지낸 뒤 아버지의 손에 이끌리어 선교회에 오게 되었다.

SM은 아주 어렸을 적에 성령체험을 하고 방언을 했으며, 그야말로 믿음 안에서 생활했었다고 한다. 그러나 계속되는 엄마와의 불화로 걷잡을 수 없이 방황을 시작했으며, 매일 밤 악몽을 꾸기 시작했다. 이를 이기려고 담배도 피우고 술도 마시고 친구들과 나가서 매일밤을 뜬눈으로 지새웠지만, 자는 것이 두려웠고 신경이 날카로워져서 누구와 이야기하는 것조차 짜증스럽게 느껴졌다.

어느 날 한 친구의 권유로 시작한 약물이 SM에게는 큰 도움이 되었고, 이 도움으로 인해 인생이 즐겁고 신나게 느껴지기 시작했다. 그러나 곧 이 사실은 발각되었고 한 달에 $3,000.00씩이나 하는 멕시코에 있는 특별재활원으로 보내지게 되었다. 어쩔 수 없이 한 2년을 멕시코에서 갇혀 있는 생활을 하다가, 그 지겨움 때문에 열심히 공부해서 고등학교를 졸업하고 미국에 돌아왔지만 오자마자 다시 약물을 찾아다녔다. 그곳에서 열심히 공부한 것은 단지 멕시코에서의 생활에서 벗어나기 위한 수단으로, 남들에게 열심히 생활하는 것처럼 자신을 속이고 남을 속이고 하나님을 속인 것이었다.

  SM은 나눔에서 함께 생활하게 되었다. 하얗고 동그란 큰 눈으로 많은 형제들의 가슴을 설레게 하기도 했지만 그것은 잠깐, 시도때도없이 소리를 지르고 고개를 좌우로 흔들며 신경질을 부리고, 자다가도 벌떡 일어나 한숨을 쉬어대는 SM의 행동에 모두가 다 질려 있었다. 그녀는 때로 깜깜한 밤에 선교회 3층 복도 구석에서 머리를 풀어헤치고 숨죽이고 서 있곤 했다. 뿐만 아니라 불빛 하나 없는 어두운 방구석에서 카드 게임을 하고 있는 SM은 섬뜩한 정도가 아니라 소름이 돋을 정도였다. 어쩌면 처음보다 더 나빠지는 것같이 느껴졌다. 그러나 실망하지 않고 지속적으로 성경공부와 꾸준한 상담을 해 나갔다.

  언제부터인가 SM의 얼굴은 점차 밝아졌으며 크게 웃을 때도 많아졌다. 이제 더 이상 잠을 잘 때 시달리지도 않게 되었고, 담배도, 술도, 약물도 Stop하고 엄마와의 관계도 좋아졌다. 얼마 안 있으면 아마도 사회에 나가서 생활하는 데 문제가 없을 것을 기대하면서 계속적인 치료에 힘쓰고 있다.

CASE 27

◆ 성명 : EC ◆ 나이 : 19세
◆ 성별 : 남 ◆ 학업 :
전문대 재학 중 미국으로 유학

물질의 잘못

　EC는 아버지가 큰 그룹의 사장으로 부유한 집에서 성장하였다. 어릴 때부터 부족한 것 없이 뭐든지 충분히 공급 받으며 성장하였기 때문에 그는 아무런 인생의 목표도 없이 즐기는 것만 배우며 자라난 것 같았다. 무엇이 되겠다는 것도, 어떻게 살아야겠다는 것도 없이 그저 놀고 먹으며 부모가 보내 주는 돈으로 즐기며 살면 그뿐이라는 생각밖에는 없는 아이였다. 13세때 한국에서 대마초를 처음 피워 보았다고 했다. 믿어지지 않았지만 사실이었다. 한국은 상당히 약물을 제한하는데 어떻게 그것도 13세밖에 되지 않은 아이가 대마초의 유혹을 받을 수 있었는지…. EC가 살았던 한국의 집은 매우 넓고 커서 누가 어디에 있는지조차 찾을 수 없을 정도였고, 좋은 음식과 많은 돈으로 친구들과 어울렸기 때문에 진실보다는 가식적인 친구들이 많았다. 물론 EC의 형도 마찬가지였고, 이로 인하여 좋지 못한 친구들과 어울리게 되면서 EC의 형이 대마초를 자연스레 시작하게 되었다.

나쁜 것은 전염성이 강하여 금방 EC도 따라 배우게 되었고, 과외공부나 특별활동을 통해 간신히 돈으로 올려놓은 성적은 금새 바닥으로 떨어져버려 더욱더 대마초에 빠져들게 되었다. 집안에서는 걱정이 태산이었고, 무엇보다도 남들 눈에 어떻게 비쳐질지가 큰 문제였다. 대충 고등학교를 마치게 하고 지방에 있는 전문대학에 학교 버스 하나 사 주는 조건으로 특별입학을 시켰지만, 문제는 여전히 남아 있었고, 오히려 EC에겐 돈만 있다면 더욱 쉽게 인생을 살 수 있다는 방법을 가르쳐 준 결과가 되어 버렸다. EC는 매일 돈으로 산 술과 여자 그리고 대마초로 시간을 보냈고 결국엔 히로뽕까지 하게 되었다. 마약까지 한다는 것을 알지 못하는 부모는 EC에 대한 창피함으로 미국 유학을 보내게 되었다. 그러나 미국은 약물을 하는 이들에게는 너무나 자유스러운 나라가 아닌가? 결국 '약을 제발 좀 하십쇼' 하는 하는 셈이 되었다. 단 한번도 출석하지는 않으면서 부모가 보내 주는 돈으로 학비만 내었다. 그러나 거의 매일을 술과 약으로 찌들게 되자 더욱더 많은 약을 필요로 하게 되었고, 이를 충당하기 위해 어쩔 수 없이 학비에까지 손을 대게 되어 불법체류자로 전락하게 되었다. 게다가 부모가 보내 주는 돈을 다 쓰다보니 있을 곳조차 없어 아는 형집에 얹혀 살게 되었는데, 약으로 정신이 혼미해져서 그 형과도 남자들 사이에 있어서는 안 되는 성관계까지 지속적으로 하게 되었다. 이로 인해서 괴로워하던 그는 정신분열증세까지 보이게 되었다. 결국 그 형의 도움으로 선교회까지 오게 되었지만 동성연애까지 간섭해야 하는 부담을 떠안아야 했다. 한국에서의 도피성 유학은 결과적으로 더욱 나빠지는 경우가 많다는 사실을 하루빨리 부모들이 깨닫고 시정하며 새로운 방법을 모색해야 하는데, 무조건 남의 눈을 의식하고 돈으로 모든 것을 해결하려는 잘못된 부모의 선택이 자녀들을 더욱 멍들게 하고 타락하게 한다는 사실이 한탄스러울 뿐이다.

CASE 28

◆ 성명 : DH ◆ 나이 : 16세
◆ 성별 : 남 ◆ 학업성적 :
   고등학교 재학, 성적은 중하위

엄마가 아파요

　DH 집에 찾아갔던 날은 유난히 찬바람이 쌩쌩 불던 날이었다. 그날 밤 밖에서 오들오들 떨고 있는 갸날픈 그의 어머니가 누군가를 기다린다고만 생각했었는데, 그날 DH에게 여기저기를 두들겨 맞아 무섭고 두려워서 도망쳐 나온 것이라는 걸 알기까지는 얼마 시간이 걸리지 않았다. 처음에는 약물의 문제로만 생각했었다. DH가 갑자기 희죽거리고 웃고, 사람이 있지도 않은데 중얼거리며 누군가와 대화를 한다고 어떻게 하면 좋겠냐고 하소연할 때까지는 약물을 심하게 하면 나타나는 증상이므로 무조건 DH를 데리고 오라고만 하였다. 그렇지만 이런저런 핑계를 대면서 '제발 한 번만 집을 방문해 달라'는 엄마의 눈물섞인 목소리를 거절할 수가 없어 그 집에 찾아갔을 때, 엄마가 DH를 너무 무서워해서 도저히 엄마의 뜻대로 단 한 가지도 할 수 없다는 것을 알 수가 있었다. 퍼렇게 멍든 엄마의 얼굴과 목 여기저기에 할퀸 듯한 손톱자국, 뻘겋게 부어오른 피부들이 아무래도 이상하여 계속 묻고 또 물어서 사실을 들을 수가 있었다. DH는 7살때부터 엄마를 때렸다. 처음에는 아이가 엄마 뺨을 치고 때리는 것을 그냥 귀엽게 넘겼는데, 점차 나이가 들면서 목을 조르고 검도할 때 쓰는 죽도로 허리를 때리며 허리띠로까지 때리기 시작했다는 것이다. 특별히 마약을 복용하고 엄마를 때리기 시작하면 정신없이 휘둘러대는 그 매에 도저히 견딜 수가 없어 자식이 약을 하여 걱정되는 것보다 맞아 죽을까봐 연락을 한 것이다. DH는 보기에는 여리여리해 보여서 얼핏 보기에 늘씬한 여자같이 보였다. 이렇게 진짜 계집아이보다도 더 예쁘게 생긴 아이가 그렇게 잔인할 수 있을까? 상상도 되지 않았다. 그러나 성격은 누구보다도 포악하여, 애완견조차 DH 곁에는 가지 않았다. 약을 먹고는 개의 목을 조르고 그것도 부족하여 화장실 욕조에 물을 받아놓고 개에게 서서히 물을 먹이며 고통스러워하는 모습에 쾌감을 느끼는 변태적 성격때문이었다. 그런 DH가 선교회에 들어오면서는 많이 조용해졌다. 다른이들에게 변태적 폭력적 성격을 표현하지도 않았으며 혼자서 웃고 얘기하는 일도 급격히 줄었다. 피우던 담배도 끊고 프로그램에 열심히 따라가고 있다. 지속적인 상담과 야단치는 일들은 다른 이들에 비하여 비교적 빈번하지만 그때마다 조금씩 나아지고 있다는 것을 느낄 수가 있다. DH는 지금은 엄마를 때렸던 일을 많이 후회하고 있다. 자신의 잘못을 이제야 깨닫고 있는 것이다. 그전까지는 자신이 엄마를 그렇게 때렸어도 그것이 잘못이라는 사실을 전혀 알지 못했던 것이다. 어릴 적부터 자신이 엄마를 때리면 귀엽다고 웃으며 쓰다듬어 주었던 엄마가 갑자기 그것을 고통스러워한다는 것을 오히려 이해하지 못했다는 것이다. 옛말에 세 살버릇이 80까지 간다고 어릴 적 습관이 그만큼 무서운 것이다. 부모의 잘못된 교육은 어쩌면 마약보다도 더 깊이 인생을 좀먹을 수 있다. DH는 심하게 약물에 찌들어 있기도 했지만, 잘못된 교육으로 인생이 망가질 수도 있었다는 것이다.

CASE 29

- 성명 : DL
- 나이 : 16세
- 성별 : 남
- 학업성적 : 고등학교 재학, 성적은 중하위

소박한 꿈

"나의 가장 큰 소원은요 빨리 장가가서 아들딸 낳고 잘 사는 거예요." 이 작고 소박한 꿈을 들을 때 내 마음은 찢기어나가듯 아팠다. 다른 이들은 가정이라는 것이 정말 아무 것도 아닐 수 있으므로 '겨우 가정을 갖는 게 소원이라니. 왜 보다 큰 포부를 갖지 못하는 것인가?' 라고 비웃을 수도 있겠지만, DL에게는 누구보다 간절한 소원이다. 아버지는 술과 노름으로 세월을 보내는 난봉꾼이었고, 어머니는 고생고생을 하면서 아버지와 할머니 뒷바라지를 하였지만 끝까지 참아내기란 너무나 어려웠다. 그래도 엄마와 아빠가 함께 살던 그 어린시절, 철없이 사고치고 돌아다니며 매일 벌받고 매를 맞았지만 행복했단다. 10살이 되던 DL의 생일날까지는….

세상에서 제일 행복해야 할 날이 세상에서 가장 불행한 날이 되고 말았던 DL. 가난한 집안살림에 과자도 제대로 먹을 수 없었는데, DL의 생일이라고 생전 먹어보지 못한 케이크에 고깃국이 나왔다. 정말 신나는 하루였고, 처음 친구들을 불러 잔치를 벌일 수 있었던, DL이 학교 다니면서 처음으로 단한번 뽐낼 수 있었던 날이었다. 그러나 이튿날부터 엄마의 얼굴은 볼 수 없었다. 부엌에도 마당에도 대문에도 엄마는 없었다. 그때 이후로 지금까지 보고싶은 엄마는 흔적조차 찾을 수가 없었다. DL은 절대로 자신이 낳은 아이들이 엄마를 모르고 아빠를 모르게 하는 일이 없도록 자식을 위해서 살겠다고 다짐하고 있다.

DL은 아주 착한 아이였다. 단지 공부를 못하는 것이 흠이면 흠이랄까? 그런 대로 어린 여동생을 잘 보살피며 열심히 살아보려고 노력하였지만, 먹고 싶은 것도 많았고 갖고싶은 것, 하고 싶은 것도 너무나 많았다. 처음에는 약을 팔아 그 모든 것들을 하였지만, 점점 그 강도는 커지기 시작했고 노는 것, 쾌락적인 것에 치우치기 시작했다. 마침내 약에도 손을 대기 시작했고, 얼마 안 있다가 걷잡을 수 없이 마약에 빠져들기 시작했다. 도저히 약 없이는 살 수가 없어서 돈이 없을 때는 독버섯까지 씹어 삼키는, 어린 나이에 아주 지독한 약쟁이가 되고 만 것이다.

현재 DL의 여동생은 햄버거 가게에서 잡일을 거들며 아빠의 술값을 대고 있고, DL은 선교회에서 열심히 정상적인 삶을 희망하며 노력하고 있다. 처음 선교회에 입교해서는 몰래몰래 마리화나도 하고 약도 구해서 피워 더 이상 선교회에 머물 수 없었지만, 오갈 데가 없는 DL을 모르는 척 내칠 수는 없었기에 DL의 경우는 다른 이들보다 더 힘들고 안타까웠다. 그러나 워낙 본성이 착한 DL은 점차 마음을 잡고 있으며, 공부도 다시 시작하여 고등학교라도 마치기 위해 애쓰고 있다. 무엇보다도 선교회에서 계속적으로 머물면서 선교회 일을 도우며 하나님 안에서 벗어나지 않으려고 마음을 다지는 DL이 반드시 하나님의 힘으로 새롭고 밝은 미래를 맞이할 것이라고 의심치 않는다.

CASE 30

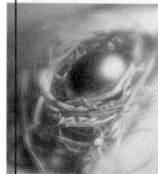

◆ 성명 : RB ◆ 나이 : 19세
◆ 성별 : 남
◆ 학업 : 고등학교 퇴학

입양과 한국인

   비교적 환경이 좋은 중국인 집에 입양이 되어 성장했지만, RB는 자신이 한국인이라는 기억을 지울 수가 없었다. 아무리 양부모들이 자기에게 친절하고 따뜻하게 했지만 이질감을 버릴 수가 없었던 것이다. 그래서 RB는 혼자서 한국인들이 많이 산다는 LA로 무조건 왔다. 아무도 없지만 그래도 한국인의 냄새가 그립고 한국 사람들과 어울리고 싶다는 이유 하나로 말이다. 그러나 세상은 그다지 넉넉한 인심을 지니질 않았고 곧 이상한 이들과 어울리게 되었으며, 마약의 유혹에 빠져들 수밖에 없었다. 더구나 RB는 어릴 때부터 약간의 정신병 증상을 갖고 있었기 때문에 약을 하는 순간부터 급속히 미쳐가고 있었다. 그러면서도 순간순간 정신이 들 때마다 한국인들이 많이 있는 곳에 가면 도움을 받을 수 있을 것이라는 생각에 마켓 앞에서 물어물어 선교회까지 오게 된 것이다. 그러나 RB는 이곳에서도 여전히 이방인이었다. 한국말을 단 한 마디도 하지 못할 뿐더러 한국적인 사고는 더더욱 하지 못하는 RB를 어쩌면 이 세상에서 받아줄 수 있는 있는 곳은 그 어디에도 없을지 모른다. 단지 하나님의 나라만이 그를 위로할 수 있을 것이다.

　RB는 정신병자로 취급되기 때문에 경찰에 잡혀도 금방 풀려 나온다. 심각한 범죄를 저질러도 당한 사람만 억울하다. 한번은 선교회에서 다른 한 형제와 싸움이 벌어졌다. 별스러운 일도 아니었는데 자신이 쓰고 다니는 선글라스가 이상하게 생겼다는 말을 듣고 몸싸움까지 하게 된 것이다. 문제는 한참을 다투다가 힘으로 밀리니까 밖으로 뛰어나가 경찰에 전화를 걸어 도움을 청한 것이다. 이곳 법은 만일 집행유예 기간 동안 불미스러운 일에 연관될 경우 무조건 Jail에서 형을 받고 살아야 하는데, 선교회에서 생활하는 형제, 자매들 중 많은 이들이 집행유예 기간이나 혹 Jail 대신 선교회에서 생활하고 있기 때문에 일단 경찰이 연관되는 것은 상당히 위험스러운 일이다. 이러한 위험을 모를 리가 없는 RB가 경찰을 불렀고, 경찰은 1분도 안 되어 선교회에 들이닥쳐 모든 장소를 뒤지기 시작했다. 형제, 자매들은 앞마당에서 열중쉬어 자세로 일렬로 길게 늘어서서 ID를 제시하라고 요청을 받았다. 식은땀이 나는 순간이었다. 그러나 간단히 해결될 수 있는 방법은 RB가 이 Case를 없었던 것으로 하는 것이었다. 생각하다 못해 RB를 한쪽으로 데리고 가서는 "만일 이 Case를 Drop 시키지 않으면 아주 좋지 않은 대가를 지불해야만 할 것이다"라고 협박 아닌 협박을 했다. 그러자 RB는 겁에 질려 순순히 말을 듣고 모든 일을 없었던 것으로 Cancel했다. RB처럼 정신이상

중에서도 종류에 따라 가끔은 협박과 매가 통하는 경우가 있다. 그 후로는 말도 잘 듣고 다른 형제들에게도 매우 친절하다. 정신도 많이 돌아와서 거의 정상인과 다름없이 생활하고 있으며, 선교회에 대한 대단한 애착으로 자신의 집으로 생각하고 열심히 성경공부와 기도에 힘쓰고 있다.

CASE 31
- 성명 : SP ◆ 나이 : 17세
- 성별 : 남
- 학업 : 고등학교 중퇴

인생을 망친 결과

얼마 전 SP가 처음 선교회를 방문했을 때, 직감적으로 SP가 조금만 약물을 더 하면 결국 정신병자가 될 것이라는 확신이 들었다. 무조건 선교회에서 격리생활을 해야만 된다고 부모에게 강력히 권고를 했지만, 부모는 'SP가 설마… 곧 돌아오겠지. 얼마나 착하고 괜찮은 아이인데… 곧 괜찮아질거야.' 라고 생각하고 있었다. 며칠을 선교회에서 보냈다. 그러나 SP는 너무나 풍요함 가운데 성장했기 때문인지 음식투정으로 시작하여 시간시간마다 불만과 신경질로 다른 이들까지 못살게 굴었다. 뿐만 아니라 가끔은 헛소리도 하고 혼자서 중얼거리기도 하며 프로그램에도 참여하지 않는, 한 마디로 버릇없는 응석받이였다. 먼저 이러한 성격부터 개조되어야 그 다음 단계인 약물을 STOP 할 수가 있기에, 응석과 버릇을 고치기 위하여 일일이 간섭하기 시작했다. 대부분의 약물을 하는 이들의 공통점이 버릇이 없고 자기밖에 모르며 응석받이에다 결단력이 없다. 그러한 잘못된 성격과 잘못된 환경이 약물까지 손을 대게 하고, 약물을 시작하고도 많은 이들에게까지 피해를 주게 되는 것이다. SP는 며칠을 견디지 못하고 사람들의 눈을 피해 택시를 타고 집으로 도망을 갔다. 재빨리 SP의 부모에게 연락을 취하여 절대로 SP를 집에서 받지 말아달라고 신신당부를 하였다. 가끔 선교회에서 생활을 견디지 못하여 도망하는 경우가 있는데, 이럴때 부모가 받지 않는다면 아이들이 다시 선교회로 올 수밖에 없으며, 그때부터는 기가 많이 죽고 포기를 할 수가 있어 치료가 가능해진다. 그렇지만 도망간 아이들을 부모들이 받아들이면 결코 다시는 선교회에 발걸음 하지 않을 뿐 아니라 더욱더 기고만장하여 약물과 범죄로 연결되어질 수 있다. SP의 경우도 마찬가지이다. SP가 자기는 절대로 더 이상 약을 안 할 자신 있으며, 앞으로는 잘 하겠노라고 약속하고 몇 번을 다짐하자 마음이 약해진 부모는 SP를 받아 주었다. 분명이 무슨 일인가 생길 것같아 일부러 전화하고 만나도 보았지만, 오히려 부모와 자식간에 관계를 끊으려고 한다고 오해까지 하는 것이었다. 할 수 없이 포기하고 돌아섰다.

그러나 SP의 소식을 듣기까지는 얼마 걸리지 않았다. SP는 선교회에서 도망간 지 한두 달도 안 되어 같은 갱 단원들과 함께 다른 소속 갱과 패싸움에 연류되어 한 아이를 총으로 쏴서 죽이고 도망쳤다. 함께 있었던 다른 5명의 청소년들이 다 잡혔고, 지문 채취 끝에 다른 강도 행각이 드러나 최소 15년에서 종신형까지 선고받게 되었다. SP는 아직도 재판중에 있고, 부모들은 선교회에 도움을 요청하고 있다. 그러나 어떻게 도와 주어야 할지 막막하다. 살인에 강도에…. 참으로 안타까운 것은 SP를 선교회에서 보호하고 있었다면 SP도 죽임을 당한 아이도 분명 아무 일 없이 살아가고 있을 텐데 부모의 순간적으로 잘못된 판단이 한사람의 생명을 앗아가고 더불어 아들의 인생을 망쳐 놓은 결과가 되고 만 것이다.

CASE 32

◆ 성명 : SK ◆ 나이 : 13세
◆ 성별 : 여
◆ 학업 : 중학교 재학 중

가정의 중요성

 한 달 전쯤 한 학부형에게서 전화상담이 왔다. 그분은 13세 된 아들이 너무나 착하고 괜찮은 아이인데 친구들 때문에 집에 늦게 들어오고 최근 담배를 배운 것 같아서 가슴이 탄다며 한시간이 넘도록 걱정을 늘어놓으셨다. 부모의 말씀은 단지 아들이 담배를 많이 피우는 것과, 그리고 아들은 절대로 그렇지 않은데 마약하는 친구가 약물을 팔면서 아들에게 배달을 부탁하는 것 같다는 것. 그러나 당신 아들은 절대로 그러한 종류의 아이가 아닌, 착한 아이라는 것을 나에게 주입시키려고 노력하는 것 같았다. 여기에 과연 내가 해줄 수 있는 이야기가 무엇이 있겠는가? 본인이 결정하고, 본인이 알아서 다 결론을 내리는데. 그러나 그럴수록 내 느낌에는 약물을 심하게 하는 학생이라는 확신을 지울 수가 없어서 엄마에게 부탁을 하였다. 아무리 생각해도 문제가 있는 것 같으니 더 늦기 전에 제발 그 아들을 만나게 해달라고. 엄마는 기분이 상당히 나빴는지 불쾌하게 전화를 끊었다. 그러나 불과 며칠이 지나지 않아 급하게 연락이 왔다.

당장 당신의 아들을 데리고 선교회에 오겠다는 것이었다. 멀리서 오시는 분이어서 새벽 비행기로 급하게 내려온 엄마의 얼굴은 피곤 때문인지 아니면 지나치게 마음고생을 하여서인지 사색이 되어 있었다. 아들은 눈 주위가 검게 그늘이 졌고 눈동자는 초점을 잃은 채 한쪽으로 몰려 사팔이 되어 있었다. 나는 직감적으로 요즈음 청소년들 사이에서 가장 유행하는 엑스터시를 심하게 사용하고 있다는 것을 알았고, 상담을 통하여 10세부터 담배를 피우기 시작했으며 약을 사용한 지 2년이 넘었고, 보통 한 알씩 먹는 약을 한꺼번에 3-4개씩 먹어서 눈까지 돌아갔다는 것을 알게 되었다. 생각했던 것보다도 문제가 심각했기에 그 엄마에게 아들을 우리 선교회에 맡길 것을 권유하였다.

엄마도 멀리서 이곳까지 아들을 데리고 왔을 때에는 분명 잘못되어 있다는 것을 알았을 터인데도, 아들은 약물과 상관이 없다고 끝까지 우기면서 학교도 다녀야 하고 이곳은 나쁜 사람들이 많아서 자신의 아들이 물들 것 같다며 안 될 말이라고 펄쩍뛰는 것이었다. 그때 내가 할 수 있는 말은 단 하나 "착한 사람은 마약 안 합니다. 착한 사람은 도둑질 안 합니다."였다. 모든 부모가 자신의 자녀는 절대로 나쁜 아이가 아니라고 생각한다. 그리고 자기 자녀가 잘못했다기 보다는 모든 것을 친구들의 탓으로 돌린다. 그러나 옛 어른들이 사용하시던 말씀 중에 유유상종이라는 말이 있다. 같은 이들끼리 어울린다는 것이다. 바로 누구 때문이 아니라 자신이 좋으니까 할 수 있는 것이다. 약물에 손을 대기 시작한 가장 취약

한 시기는 청소년기가 아닌가 생각해본다. 우리가 위에서 Case를 통하여 보았지만, 약물을 접하는 것에는 별다른 이유가 없다. 환경이나 호기심으로 단정하기에는 너무 위험한 것이 현대는 어디서나 쉽고 가까이 마약을 접할 수 있는 사회가 되었다는 것이다. 찬스가 누구에게나 있고, 그렇기 때문에 분위기에 따라서 혹은 특별한 장소나 친구들의 권유가 아닌 학교, 식당, 술집, 친구 집 등에서 쉽게 접할 수 있게 되었다는 것이다. 이렇게 어디서나 쉽게 접할 수 있는 것이라고 하여 방관만 하고 있을 수는 없는 것이므로, 우리가 할 수 있는 최고의 대처 방안이 어디에 있는지를 찾고 모색하는 것이 가장 중요한 우리의 할 일이 아닌가 생각한다. 그러면 약물에 빠질 수 있는 요인들에는 어떤 것이 있겠는가? 앞에서 언급되었던 예들을 통하여 살피자면 주로 가정에 문제가 많은 이들이 약에 손을 대기 쉽다는 것을 볼 수 있다.

　가장 중요한 것은 가정의 문제이다. 물론 가정 환경이 좋은 이들이 약물을 하지 않는다는 것은 아니다. 개인의 성격에 따라 다르므로 결론을 내릴 수는 없겠지만 확률적인 이야기라는 것을 염두에 두길 바란다. 그러므로 가정에 어떠한 문제가 있든지 부모들은 그러한 문제점들을 해결하는 데 중점을 두어야 하겠다. 또한 약물을 사용하는 이들의 공통점은 주관이 뚜렷하지 않은 이들이나, 친구의 압력에 이기지 못하는 나약한 성품을 가지고 있는 이들이 대부분이며, 호기심이 많은 이들이 많다. 가끔은 부모의 약물 복용이나, 술, 담배, 폭력 등에 영향을 받는 이들도 있다.

한번은 29세 되었다는 한 청년이 우리 선교회를 방문한 적이 있다. 이 청년은 7세 때 처음 약을 시작했는데, 이 청년의 할머니가 마약 딜러였기 때문에 어릴 적부터 자연스럽게 약을 하였으며, 그의 10세 생일날에는 친구들을 불러 케이크와 과자를 나누었던 것이 아니라 약물 파티를 하였다는 것이다. 그것뿐인가? 얼마 전 6세 남자아이가 전날 친구와 싸우고 다음날 총을 가지고 학교에 가서 그 친구를 쏘아 죽였던 배후에는 그 아이의 집에서 약을 팔고 총을 팔고 있었던 사실이 밝혀졌으니, 이는 얼마나 부모의 영향이 중요한가를 단적으로 보여주는 예이다. 이들은 어릴 때부터 부모가 하는 행동을 자신도 모르는 사이에 답습하게 되고 배우게 되며 습관적이 되어 있으므로, 약물을 하는 것에 대해 어떤 특별하고 가슴 철렁한 사건으로 받아들이지 않는다는 것이다. 결국 양심이 무감각해졌기 때문이다. 이는 가장 중요한 신앙적이고 도덕적인 가치관이 상실되기에 약물을 통한 사탄의 공격을 감당할 수 없게 된 것이다. 또한 현대는 너무나 물질문명이 발달되어 있어서 인간의 가치가 점점 떨어지게 되고, 이로 인하여 팽창되는 개인수의와 이기적인 모습들로 점점 자신의 쾌락만을 추구하게 되었기 때문이다.

그것은 반드시 약물만이 아니다. 그 밖에 돈, 명예, 도박, 성적인 타락, 잘못된 신앙생활, 극단적인 사고방식, 사치, 취미 등에도 집착하게 된다. 이런 집착은 인간을 더욱 외롭고 쓸쓸하게 만드는데, 여기서 혼자라는 소외감은 자신을 필요 없는 존재 내지는 있으나마나한 가치 없는 인간으로 비하시킨다. 그리고 이와 같은 이유를 들어서 약물을 하는 것을 합리화 시킨다. 일반적으로 처음에는 자신이 결코 중독되리라고는 생각하지 않고 시작하게 된다. 술, 담배 등으로 자연스럽게 약물을 하는데, 처음 느껴보는 황홀한 기분으로 그 느낌을 평생 가지고 있는 이들이 대부분이다. 이들은 계속적으로 약물을 복용하면서 처음의 그 기분을 다시 한 번 맛보기 위하여 그 양을 늘려가게 되는데 이는 쉬지 않고 약물을 하게 되는 동기가 된다.

사실 처음에는 주로 주중에는 일을 하거나 자신의 계획대로 움직이며 마치 조절을 할 수 있는 것처럼 주말이나, 일정기간, 혹 휴일을 두고 하게 된다. 하지만 그 후에는 약물이 주는 효과는 감소하지만 습관적, 혹은 사교적으로 친구들의 모임이나 약물을 하는 이들끼리의 모임으로 함께 하면서 어울리는 단계로 넘어가게 되는데, 이 단계를 넘게 되면 친구들과 함께 하지 않고도 혼자서 약을 하게 된다. 바로 이 때 죄책감이 들기 시작하며, 해서는 안 되는데 라는 고통이 서서히 오게 된다. 그러나 그럴 듯한 이유로 스스로를 납득시키면서 그러한 핑계가 자신도 모르게 진짜로 믿어지게 되는데, 이것이 바로 나 스스로가 약물에 속아넘어가는 것을 의미하는 것이다. 바로 완전 중독자가 된 것임을 확인하게 되는 것이다.

마지막으로 스스로 원하지 않아도 조절할 수 없고 반드시 약을 해야만 하는 시기가 오는데, 약물이 나의 삶의 목적이 되며 내가 약에게 통제되게 된다. 예를 들면 처음에 술을 마시면 기분이 좋다. 그러나 계속 마시게 되면 술이 술을 마시게 되고 술이 사람을 마시게 되는데, 자신도 모르는 사이에 이러한 단계로 들어서게 되고 결국은 스스로 자포자기하고 각종 범죄를 저지르고는 결국 자살을 하기도 한다는 것이다. 그러므로 우리는 약물에 손을 대는 순간부터 중독자임을 알 수 있다.

그렇다고 부모가 자녀의 눈치를 보면서 자녀가 혹 잘못되기라도 할까봐 전전긍긍하며 원하는 대로 그 비유를 다 맞춰 준다면, 그 자녀는 거의가 타락하거나 아니면 원만하지 못한 대인관계로 이기적으로 스스로만 위하는 잘못된 인생관을 갖게 되기 쉽다. 자칫 잘못하면 부모 자신도 모르는 사이에 자녀를 위험한 벼랑으로 몰아갈 수 있으므로, 전문가의 조언이나 많은 경험인들의 도움을 받는 것이 참으로 중요한 일이다. 또한 이들과의 꾸준한 관계 유지도 필요하다.

그러나 무엇보다도 가장 중요한 것은 부모들의 배우고자 하는 마음 자세와, 자신들의 잘못을 인정할 줄 알며 자녀를 이해하려고 노력하는 자세이다. 먼저 자녀를 이해하고자 한다면 그들이 무엇을 필요로 하는지, 그들이 싫어하는 것은 무엇인지를 알아야 한다.

약물의 정의와 종류

 이곳 LA는 집 문을 열고 나가면 한 블럭 안에는 거의가 약을 판매하는 곳이 있다. 물론 약물을 복용하거나 관심이 없는 이들은 도저히 믿어지지 않을 뿐 아니라 구분이 되지 않기 때문에 모를 수 있지만, 이제는 자녀들까지 함께 사는 일반 가정에서조차도 약물을 판매하고 있다는 것이다. 이것은 그만큼 수요와 공급이 범람하고 있다는 증거이기도 하다. 우리는 분명히 약물을 남용하는 것이 나쁘다는 것을 안다. 그렇지만 나쁘기 때문에 안 한다는 것이 성립이 되지 않는다는 것 또한 안다. 최근 불법 마약의 소비가 전 세계적으로 증가해 가고 있어, 이로 인한 사망, 범죄 등은 도저히 각 나라 정부에서도 손을 댈 수 없을 정도까지 왔다. 공산주의 국가에서조차도 약물을 사용하는 이들이 있다는 것은 이미 확인된 사실이며, 게릴라식의 전투를 하는 세계 곳곳에서는 항상 마약의 암거래가 이루어진다는 것이 기본적 상식이다.
 보통 통계 수치로 보자면, 세계 인구의 10% 정도가 마약을 소비하는데, 세계적으로 가장 남용되는 약은 대마로 세계 인구의 약 2.5%가 소비한다. 이것은 전 세계 인구의 1억 4천만 명이라는 계산이 나오고, 헤로인과 코카인이 3,000만 명 정도, 암페타민류가 5,000만 명 정도의 사람들에게 사용되고 있다. 그러나 이러한 통계도 4-5년 전의 통계이니 지금은 얼마나 많은 이들이 약물에 중독되어 있는가를 상상해 볼 수 있을 것이다. 약물은 그 숫자가 기하급수적으로 불어나는데, 그것은 자신이 중독이 되었기에 약물을 지속적으로 복용을 하기 위하여는 결국 약물을 팔게 되는 것이다. 주로 학생들이나 청소년들은 자신이 약물을 복용하다가 거의 마약 딜러(여기서 말하는 딜러란 약물을 파는 이들을 지칭하는 것으로, 단위가 높지 않으며 보통 $50 -$100 사이의 마약을 소지하고 있다가 몇몇 사람들에게 팔고, 다시 약을 받아다가 판다. 그것은 자신이 약물을 소지하고 있다가 붙잡혔을 경우 소량의 약물이기에 형량이 적으나, 많은 분량을 가지고 다닐 경우 악을 강도당할 염려가 있기 때문이다)가 되는 것이 대부분이다. 그것은 스스로의 약값을 충당하기 위한 가장 손쉬운 방법이기 때문이다. 또한 자신이 약물을 구입할 수 있는 경제력을 상실하기에, 친구나 주변인물들에게 처음에는 돈을 받지 않고 약물을 주면서 서서히 중독을 시키고 상대가 약을 원하기 시작하면서는 창피와 두려움으로 다른 곳에서 약을 구입할 수 없기에 자신을 중독시킨 이에게 약을 구입할 수밖에 없는 것을 이용하여 약물을 반반씩 나누어 복용하게 된다. 예를 들면, $100 구입시 $50만 상대에게 주고 자신이 $50의 약을 사용하면서 당분간 약값을 충당하게 되는 것이다. 여자들의 경우는 약물을 복용하게 되면 수치심을 상실하게 되므로, 약값을 구하기 위하여 몸을 파는 경우가 대부분이다. 남성과의 육체적 관계만 갖는 것이 아니라 고정적인 손님의 관계를 지속시키기 위하여  남자들에게 약물을 복용시키고, 그 남성은 그로 인하여 변태적 성행위를 배우게 되며 정상적인 성생활을 할 수 없기 때문에 자신의 여자에게도 약물을 권하게 되는데 이러한 방법들을 통하여 약물이 피라밋 형식으로 보이지 않게 급속히 번져나가게 되는 것이다. 이와 같이 범람하는 약물을 멈출 수 있는 길은 없다. 단지 약물을 이해하고 약이 얼마나 우리들을 타락시킬 수 있는가를 인식하여 약물로부터 우리들 스스로를 보호하는 것이 최선의 길이며, 약물에 중독되어 있는 이들을 속히 치료하고 돌이켜서 그들이 약물로 인하여 환각상태에서 혹은 약을 구입하기 위한 방법으로 일으키는 많은 범죄를 조금이라도 예방하여, 그 범행의 대상이 바로 나의 식구, 나의 친구, 또 내가 되기 전에 막아야 한다는 것이다.

약물의 영향력은 정도 이상으로 확산되어 우리가 살고 있는 어느 곳, 어디서나 어떠한 방법을 통하여서도 유통되고 있으며, 이를 모두 막기에는 너무 늦었다는 사실을 염두에 두길 바란다. 그래도 우리는 최선의 노력을 해야만 한다. 단 한 사람이 약물에 중독되는 것을 막는 것이 수천 아니 수만의 사람들이 약에 빠지는 것을 막을 수 있는 마지막 수단이기 때문이다.

1. 약물의 정의

신체의 화학작용 또는 내부 구조의 일부에 변화를 가져올 수 있는 화학 물질을 말하는 것으로 우리 몸 안에 부족한 영양을 공급한다거나, 여러 질병을 치료할 때 통증을 완화시키기 위하여 의사의 처방에 따라 사용하기도 하는 것으로서 큰 도움을 주는 물질이다. 약을 처음 사용한 기록은 4000여 년 전부터 찾아볼 수 있다.

2. 약물 남용의 정의

감성 상태를 쾌락으로 바꾸려는 목석으로 기문 선환을 위하여 사용하는데, 이 약물이 우리의 몸에 흡수되어 신체적, 정신적, 정서적 부작용을 일으켜 뇌신경 전달 물질(Neurotransmitters) 사이에 방해, 대치하여 세력을 형성하여 뇌 세포와 세포 사이에 신호를 전달하는 역할로 뇌의 화학구조를 바꾸어 버리는 것을 말한다. 의학적 상식, 법규, 사회적 관습으로부터 이탈하고, 쾌락을 위하여 약물을 과잉으로 사용하는 행위이다.

3. 마약류의 정의

마약법(아편 및 코카인 계열의 알칼로이드), 대마(대마초), 향정신성 의약품(필로폰, 신경안정제, LSD 및 기타)등으로 규제되는 약물들이 마약류로 통칭되고 있다. 이러한 약물은 기분 좋은 감정을 유발하는데, 신경전달 물질이 하는 일을 그대로 따라하거나, 신경 전달 물질의 방출 속도를 자극하거나, 사용시간을 연장시켜서 "흥분"에 도달하는 과정으로, 뇌에서 약물이 사라지면 그 영향도 함께 없어지게 된다. 하지만 약물로 인하여 뇌의 구조가 바뀌게 되면 약물은 정상적인 뇌 기능의 일부가 되어지고, 약물 복용량이 많을수록 뇌의 화학 구조가 더 바뀌게 되어 약물에 대한 갈증이 차츰 커지게 되는 것이다. 또한 약물을 끊은 뒤에도 정상으로 돌아오지 않을 수 있다.

4. 마약 중독의 정의

앞서 말한 뇌의 화학 구조가 약물이 있어야 제 기능을 하게 되는데, 이는 이미 약물중독이 시작되었다는 것으로 약물이 떨어지게 되면 신경 전달 물질 체계에 기능장애가 일어난다. 이는 정신의학적 치료가 필요한 상태를 의미하는 것으로, 약물남용 및 약물의존, 정신활성물질 남용, 물질사용장애라고 부르고 있으며, 의학적 질병이라고 말하고 있다. 과거에는 약물중독 현상이 의지력이나 도덕적 문제로 다루어졌으나, 지금은 뇌의 기능간의 문제로 집착과 강박이 뇌의 생화학현상임이 드러나기 시작했다. 이는 조절능력을 상실했다는 것으로 집착(약이 모든 것의 우선. 다른 어떤 것들도 약을 위하여 희생가능), 강박(반드시 해야만 하는 것), 재발(조절이 되지 않는 상태)에서 헤매게 되는 것을 말한다. 그렇기 때문에 주기적으로 약물을 사용하고 의존하게 되며 이를 지속적으로 사용했을 때 약물의 양이 점차적으로 증가되게 된다.

5. 약물의 종류

약물에는 수많은 종류가 있다. 그러나 이 모든 것들을 나열할 필요는 없다. 주로 한인들이 사용하는 것으로 나누어 보고자 한다.

(1) 진정제(Depressants)

정신의 기능과 환경에 대한 인식을 진정시키는 성질이 있다.

ⓐ 알코올

과일, 채소, 곡물에서 발효시킨 것으로 이집트에서 BC3500년경에 만들어졌는데, 혈액에서 5분에서 10분 사이로 매우 빠른 속도로 흡수된다. 특히 여성의 경우는 남자보다 빠르게 흡수되며 이로 인하여 축처진 느낌을 가져오기도 한다. 이 알코올은 10명중 9명이 마시고 있으며, 미국 남자는 한 주에 5리터 정도, 여자는 2리터 정도를 마신다. 정신활성 성분이 되는 화학 에틸 알코올을 부르는 말로, 에틸 알코올에는 3-6도 정도의 맥주가 있고, 12도 정도의 포도주, 27-50도까지 있는 위스키, 스카치, 보드카 등이 있다. 주로 처방 없이 구입이 가능한 것은 25도 정도의 알코올들이다. 어떤 이들은 이완제로 사용하기도 하는데, 맥주 350Ml, 포도주 150Ml, 기타 50Ml정도의 양을 말한다. 물론 이 정도의 양으로 커다란 행동의 변화를 가져오지는 않으나 장기적으로 복용할 때는 중독의 증상이 나타나게 된다. 알코올 중독이 되는 가장 빠른 지름길은 소량이라 할지라도 매일 같은 시간에 같은 장소에서 같은 양의 알코올을 복용한다면 그 사람은 분명 1년이나 2년 사이 중독이 될 가능성이 아주 짙다. 또한 남자 8,000명을 12년 동안 관찰하여 매달 450Ml 이하의 술을 마신 사람들은 술을 먹지 않은 사람들보다 뇌출혈이 일어날 확률이 두 배로 높았고, 매달 900Ml 이상 마신 이들은 뇌출혈의 확률이 3배나 높았다.("Bubba:No more Beer Commercials, San Antonio ExpressNews, 9/18/1986) 알코올은 체내에서 대사 산물(Metabolites, 신진 대사에 필요한 물질)이라는 2차 합성물로 변화되어 뇌에 마취제와 같은 영향을 미치는데, 이 알코올은 독소(Toxin)로써 신체 근육의 거의 전부, 신경계, 주요기관(뇌, 간, 심장), 골수, 생식체계 등에 고루 해를 준다. 또한 구강암, 인후암, 소화관 암 등으로 사망할 확률이 훨씬 높다. 미국에는 매일 600명이 넘는 이들이 알코올로 인하여 목숨을 잃고 있다.("Seattle's Gene Anderson

Throws the Book at White-Collar Coke Users WHO Once Knew No Fear," People, 2/2/1987) 1986년 미국 내 알코올 중독은 성인이 1천2백만, 십대가 4백만으로 추산되는데, 빈민가의 알코올 중독자는 그 중 3%에 지나지 않는다("Cocaine Addition," Postgraduate Medicine, 10/1986)고 한다. 그러니 14년이 지난 지금은 그 숫자가 기하급수적으로 늘어났음은 두말할 나위가 없는 것이다. 또한 여러 가지 신체에 장애가 서서히 나타나는데, 발음

이 불분명해지고 시야가 흐릿해지며 근육간 협응력이 떨어지고, 마음이 산만해지고 기억력이 감퇴된다. 아주 말이 많아지거나 말이 없어지기도 하며, 걷잡을 수 없는 공격형으로 무조건 시비를 거는 이들도 많이 있다. 몸의 균형이 상실되어 비틀걸음을 걷기도 한다. 뿐만 아니라 알코올로 인하여 부부산의 싸움, 패싸움, 범죄 갱년기 우울증에 걸리며 뇌에 이상을 가져오기도 한다. 특별히 여성의 경우에는 유암 발생율이 40%-90%나 되며 암에 걸릴 위험도가 비음주자에 비하여 세 배, 술 마시면서 담배를 피우면 15배나 많다는 것이다. 특히 임산부는 미숙아나, 기형아, 사산아를 낳을 수 있는 확율이 상당히 높다. 또한 과음은 고혈압과 심장병을 가져오고, 성 기능이 저하되어 일시적인 불능뿐 아니라 임포 현상을 일으켜 생식 기능 장애를 일으킨다. 습관성 음주는 가정 불화와 자기 인생 파괴, 삶을 상실하게 되며 결국 자

신의 자녀에게도 유전적인 요인으로 작용이 용이하다. 알코올의 복용은 사고 판단을 장애시키고 엉뚱한 행동을 유발시키며, 술 냄새, 취기 등으로 상대를 불쾌하게 만들고 사회 생활에 악영향을 주게 된다.

ⓑ 진정제와 최면제

뇌 기능을 억제하여 사고와 행동의 감퇴를 가져오는데, 이는 중추신경계의 작용을 약화시키기 때문이다.

진정제/최면제 −바르비트르산염(Barbiturate) 간질, 불면증 치료, 수술 전 및 수술기간 동안 환자를 이완시키기 위해 사용한다.

페노바르비탈(Phenobarbital), 세코날(Seconal), 아미탈(Amytal) 등

신경안정제 − 벤조디아제핀(Benxodiaxepine) 근육 이완작용, 안정이 된다.

밸륨(Valium), 리브리엄(Librium), 달메인(Dalmane), 트랭크신(Tranxene)

진정제 − 바르비투르산염, 퀘일루드(Quaaludes), 플라시딜(Placidyl), 도라이든(Doriden), 낙택(Noctec), 에쿼닐(Equanil) 등

이러한 약들은 주로 수면 촉진, 불안 경감, 간질 치료 등에 사용되는데, 1970년 후반까지만 해도 밸륨과 리브리엄은 미국에서 가장 널리 처방되던 약품으로 대개 가정의에 의하여 처방되고 있지만 약국에서 부정 처방, 불법제조 등으로 어디서나 쉽게 구할 수 있다. 이를 습관적으로 복용하게 되면 진정

작용은 할지 모르나 심장박동이 급격히 저하될 염려가 있으며, 호흡이 불편하고 졸음이 많아지기에 정신이 맑지 않고 흐려 있으며 말이 느리고 무슨 말을 하는지 혼동이 오고 약을 복용하여야만 안정이 된다.

ⓒ마취제

오피움스, 헤로인, 스맥, 정크, 스강, 브라운, 호스, 헤리, 보이라고 불리움.

고통에 대한 의식을 없앨 때 사용되는 약물로 고통이 심할 때에는 대개 중독이 되지 않으나 진통제로 장시간 사용하면 중독될 수 있다. 또한 쾌락으로 사용하게 될 경우 중독 속도는 아주 빨라서 며칠만에 중독되기도 한다. 헤로인(마취 진통제 몰핀)은 양귀비가 주원료로 생산은 1985년 이래 3배 이상 증가했고, 불법 양귀비 경작지는 1996년 280,000헥타르에 이르렀다. 세계적으로 불법 양귀비 생성의 90% 이상이 2개 지역에서 이루어지는데, 아프가니스탄, 이란, 파키스탄으로 이어지는 황금초생달 지역과 황금의 삼각지대로 불리는 라오스, 미얀마, 태국 등이 주요 국가이다. 1996년부터 약 5,000톤 정도가 생산되고 있으며, 전체 생산량의 1/3이 아편으로 제조되었다. 보통 아편은 마약의 왕으로 불리워지는데 이를 Opium으로 표기한다. 스위스의 그라나다 지방의 박쥐가 서식하는 동굴에서 양귀비의 씨가 발견되었는데, 중부 유럽지방은 이미 4천 년 전부터 양귀비를 경작하였고, 문헌에 의하면 양귀비가 진통제로 사용된 것은 기원전 7세기경 이집트 의사가 의학용으로 도입하였다고 한다. 고대 그리스인들은 양귀비 과일을 "잠의 여신" 인 모르페우스와 "밤의 여신" "죽음의 신" 인 탄토스(Thantos)로 생각하였다. 시인 호머(Homer)는 오디세이라는 시에서 근심과 비통, 고뇌를 벗어나기 위하여 네펜데스(Nepenthes)라는 탕약을 마신다고 언급했고, 네로 왕의 시의였던 안드로마쿠스는 "모든 질병을 치유할 수 있는 약"을 제조할 때 아편을 섞었다고 한다.

　이후 17세기부터 아편을 담배처럼 피우기 시작한 것이 오늘에 이르며, 아편에 마약 성분이 있다는 것을 1906년 독일의 약사 제르튀르너(W. A. Sertuerner)가 발견하였다. 헤로인은 1990년 이후 해마다 300톤 이상 생산된 것으로 추정된다. 대개 분말형태로 3% 정도가 헤로인이고 유당, 전분, 활석 가루 등이 혼합되어 있다. 즉 몰핀을 초산과 반응시켜 디아세칠모르핀이 생성되는데, 일단 중독이 되면 치료 후에도 정상생활은 거의 힘들다는 것을 명심해야 한다. 신형은 블랙타드(Black tar)로 까만색의 끈적끈적한 혼합물로서 일반 헤로인보다 훨씬 강하다.

　알약 마취제 - 퍼코단(Percodan), 따본(Darvon), 탈윈(Talwin), 딜로딧(Dilaudid) 등

　정맥 주사 마취제 - 몰핀(Morphine) 아편에서 진통작용을 하는 것으로 19세기 중엽부터 만연되었으며, 프랑스의 의사 프라바가 최초로 발명하였다.

이는 한때 유행약으로 사용되었고, 독불전쟁 당시 무분별하게 사용하였다.

디머롤(Demerol), 펜타닐(Fentanyl) 등 이를 사용하게 되면 졸음이 쏟아지고 도취감과 무기력해지며 콧물이 흐르고 눈빛이 소름끼치게 보이며 주사기로 사용을 많이 하므로 바늘로 오염이 될 수 있다.

(2) 흥분제 (Stimulants)

정신작용과 활동을 자극하는 역할을 하는 것으로 뇌를 가속시켜 신경을 예민하게 하며 활동과 흥분을 부추기는 약물을 말한다. 중추신경계의 작용을 강화하는 작용을 한다.

ⓐ 코케인(콕, 찰리, 스노우, 락, 크랙 등으로 불리운다.)

코카 나무 잎사귀의 추출물로 이 식물은 열대성으로 남아메리카와 인도네시아 섬 등에 야생하며, 국제적으로 통용되는 이 식물의 학명은 에리스록시론 코카(Erythroxylon Coca)이다. 의학적으로는 부분 마취를 할 때 사용하는데 프로이트가 몰핀 중독 치료를 위하여 제일 처음 의료용으로 사용하였으며, 베트남 전에서 지혈제로 사용되기도 했다. 주로 분말 형태로 통용되며 이 분말을 빨대나 돌돌 만 지폐로 코로 들여 마시고 정맥에 주사하기도 한다. 코카인은 1960년 괴팅겐의 당시 유명한 화학자였던 뵐러의 연구실에서 그의 제자인 니만이 최초로 분리했다. 화학자들은 코카인을 메칠벤조엑고닌

(Methylbenzoylekgonin)이라고 명명했고 1902년 처음 인공합성하였다. 생산지는 페루, 콜럼비아, 볼리비아 등에서 전체 98% 정도 재배되는데, 세계 경작지의 절반인 220,000 헥타르가 페루에 있고, 콜럼비아와 볼리비아는 1/4정도를 각각 생산한다. 1994년에는 1985년의 2배로 증가했고, 1996년에는 코카잎 300,000톤이 코카인 1,000톤으로 가공되었다.

프리베이스(Free Base) - 코케인을 에테르와 섞어 그 혼합물을 불에 끓여 순화된 연기를 마시는 방법

크랙(Crack) - 코카인과 베이킹 소다 중탄산나트륨의 혼합물을 피우는 것

Speed Ball - 코카인, 헤로인을 섞어서 사용

다른 명칭으로는 스노우(Snow), 베이스(Base), 콕크(Coke)라고 불리운다. 이것을 복용했을 때에 심장박동이 증가하여 혈압이 상승되고 기분이 급상승하며 몸을 움직이고 싶은 충동이 일어나서 안절부절 못하고 말이 많아지고 낙서를 하거나 음악을 연주하며 춤추는 행동 등이 많이 나타난다. 그러나 한 인들은 약물에 대한 죄책감으로 인하여 불안이 증가되고, 심한 죄의식으로 인하여 숨는다거나 페라노이드 되는 현상이 대부분 일어난다. 또한 성적 탐닉과 오용 습관에 빠져들며 환각에 사로잡히기도 하는데, 이는 신경을 자극시키기 때문에 극도로 날카롭거나 무감각하게 극과 극의 현상이 일어나기도 한다. 식욕이 감퇴되고 정신착란이 일어나며, 뇌에도 치명적 손상을 가져올

수 있다는 것이다. 완전 중독자 상태의 모습은 걸음걸이가 불안정하고 피부 탄력이 저하되며 눈 주위가 검고 입술을 떨며 횡설수설하고 상대를 의심하고 적대시 여긴다.

ⓑ 암페타민

스피드, 아이스, 튜익, 메스, ?, 크렌크, 크리스탈, 글라스, 빌리, 윗쯔 등으로 불리움.

여러 물질을 합성하여 제조한 약물로 의학적으로 사용이 극히 제한되어 있는 약물이다. 과거에는 식욕 억제제로 사용했으며, 요즈음은 아이들의 과다 활동이나 학습 장애의 치료용으로 처방되고 있다. 1887년에 처음 합성되었으며 30년 이후에 약물로 소개되었고 히피들이 주로 사용하였다. 1980년대 중반 이래 평균적으로 매년 16% 정도의 증가율을 보이는데, 1993년에는 합성 흥분제의 남용이 1978년보다 9배도 늘어났으며, 은밀히 제조되는 합성마약이 폭발적으로 남용, 소비되고 있다. 현재 LA에서는 가장 질좋은 암페타민을 "샤부"라 지칭하고 있다. 이를 복용했을 때 주로 성적 목마름, 친밀감 등을 갖게 되며, 아픔, 고통들을 잊어버리게 된다. 이 약물을 사용하다가 하지 않을 경우는 기분이 저하되고 몸의 밸런스를 잃어버리게 되는데, 이 때문에 지속적으로 약물을 복용하게 되는 것이다. 또한 이 약물을 하게 되면 일 주일에 10파운드에서 40파운드 이상의 체중을 줄일 수 있기 때문에 여성들이 살빼는 약으로 처음 시작하는 경우가 많다.

　캡슐 형태 – 벤자드린(Benzadrine), 덱세드린(Dexedrine),

　비페타민(Biphetamine) 등 체중 감량을 목적으로 여성이 주로 사용.

　엑스타시(Ecstacy)('E', 'X', 러브 도브스라고 불리움) 1914년에 처음 만들어졌다. 황홀경이라는 뜻으로 새롭게 떠오르는 약물로 친밀감 강화, 억압의 경감, 자존감 증진 등을 위해 정신 치료 약물로(연구용) 쓰였으나 부작용으로 임상 사용마저 중단된 상태이다. 이를 복용했을 때에는 4-6시간 정도 그 기분을 느낄 수 있으며, 기분이 몽롱하고 성적인 욕구가 일어나며, 상당히 긴 시간 동안을 다양한 기분을 느낄 수가 있다. 주로 레이브나 클럽빙이라는 젊은 계층들이 모이는 댄스파티 등에서 쉽게 구입하고, 이를 하면서 그 자리에서 성적 행위를 하기도 한다. 같은 비트의 음악이 지속적으로 고막을 뚫는 듯하게 계  속되며, 어두움 안에서 레이저 빛들만 간간이 오고가는 중에 춤과 약이 어울리게 되면 약물 복용으로 느껴지는 분위기가 그 강도를 더해 간다는 것이다. 문제는 이를 지속적으로 복용할 때 심한 복통이나 구토 등을 동반하게 되며, 약기운이 깰 때면 아주 심각하고 우울해지기 때문에 다시 약을 복용하게 되는데, 심하면 정신질환이나 그밖에 눈이 돌아가고 더 심할 경우 죽을 수도 있다.

메스칼린(Mescaline, Mescal에서 뽑은 알칼로이드), 페이오테(Peyote 멕시코 선인장으로 만듦), 실로시빈(Psilocybin 멕시코산 버섯으로 만드는 LSD 비슷한 환각제) 등으로 이를 복용하면 심한 혼동 상태와 방향감각을 상실하게 되며 환각이나 환청의 현상이 일어나는데, 이로 인하여 시공을 초월한 듯한 느낌으로 높은 곳에서 뛰어내리거나 차가 달려오는 곳으로 뛰어들기도 한다. 그 예로 샌프란시스코의 전망대에서 한 고등학생이 약물을 복용하고 자신이 슈퍼맨이 되었다는 착각으로 뛰어내리는 바람에 그 장소가 폐쇄되었다. 또한 공포스럽고 극한 흥분이 일어나며 메스꺼움을 느낀다. 자신이나 타인에 대하여 자해나 폭행을 하며, 잔인하고 미친 듯한 행동을 하는가 하면

냉담해지거나 감상적이며 간혹 명상에 잠기는 사람도 있다. 이들은 모두 정서적으로 불안하여 행동이 번잡스러워지고 많은 거짓말과 감성의 설제를 선혀 하지 못하기 때문에 대인관계가 원만하지 못하고 그렇기 때문에 사회생활에서 도태되는 경우가 대부분이다.

(4) 대마초(Marijuana)

마리화나, 도프, 글라스, 블루, 간자, 위드, 퍼프, 기얼, 해쉬, 해쉬쉬, 쩔, 버드 등으로 불리운다.

카나비스 사비타(Cannabis Savita)라는 식물의 잎사귀로 만든 담배 비슷

한 혼합물을 말하는데, 종이에 말아 담배로 피우는 조인트(Joint). 이것은 한 가지 물질로만 되어 있는 순수 약물이 아닌 "카나비노이드"(Cannabinoid)라고 하는 서로 유사한 화학 물질들인데 대마초가 탈 때 연기로 방출되며, 정신 활성 화학 물질은 60가지가 넘는다. 특히 이 대마에는 암컷과 수컷이 있는데, 암컷에만 환각 성분이 있는 것을 THC(delta-9tetra-hydrocannabinol / delta-9 THC)라 부르는데 바로 이것이 환각작용을 함유하고 있다.

하쉬쉬(Hashish / Hash 대마초 잎으로 만든 마취제), 특별히 마리화나는 청소년들에게 인기가 높은데 CRVNP(Community Rehabilitation Volunteers, Non-Profit)에서 1998년, 1999년, 2000년 3년에 걸친 13세-20세 미만의 200-500여 명 청소년 마리화나 사용여부 설문 결과 보통 90% 이상이 경험이 있고 70-80%가 지속적으로 사용하고 있다는 통계를 얻었다. 이것은 한인 청소년들만 상대로 한 설문 결과이다. 또한 음악을 하는 이들의 상당수가 마리화나에 도취되어 있는데, 이는 마리화나의 영향을 받아 즉흥적으로 연주를 더욱 잘하고 감성이 풍부해져서 자신이 가지고 있는 재질 이상의 것들이 표현되기 때문이다.

(5) 흡입제

연기를 들이마심으로 효과를 얻어내는 화학 물질로 질산염(Nitrates). 합법적 처방 없이 구입 가능. 용해제(Solvents), 본드, 페인트, 휘발유, 청정제,

화학 물질 등

(6) 담배

담배의 원산지는 남아메리카의 열대지방으로 인디언들이 의식용으로 사용한 것이었는데, 1492년 콜럼버스가 아메리카 대륙을 발견함으로 세상에 보급되었으며, 우리 나라에는 담배가 광해군 10년인 1618년에 처음 들어온 것으로 기록되어 있다. 중독성은 헤로인과 맞먹는 것으로 뇌에 흥분제 역할을 한다. 근육에도 영향을 주어 이완제 역할을 해준다. 담배 연기는 더 유해하여 흡연은 죽음과 장애, 어지러움을 동반하며, 특히 직 간접 영향으로 폐 질환 등을 가져와 매일 1,000명 이상이 목숨을 잃고 있다(Thonas E. Bratter and Gary G. Forrest, Alcoholism Substance Abuse(New York:The Free Press 1985). 이 연기는 질소가스54%, 이산화탄소가스 13.5%, 산소가스 10.4%, 일산화탄소 3.2%, 기타 등이 차지하는데, 이를 흡연하였을 때 혈액 속에 일산화탄소의 농도를 15%까지 올리고, 대량으로 흡연하면 산소의 감소율이 30%까지 되기 때문에 일산화탄소가 함유된 담배 연기는 혈액 속의 산소를 서서히 유독한 일산화탄소로 변하게 한다는 것이다. 이러한 담배연기를 차갑게 식히면 연기 속의 미립자가 농축되어 흑갈색의 액체 타르가 되는데 타르 속에 포함된 니코틴이 중추신경을 자극하여 기분을 흥분시키고 진정시키기에 마약과 흡사한 역할을 한다는 것이다. 또한 발암물질 방사능이 현저

하게 많아서 흡연자들이 이로 인하여 폐암을 발병하는 경우가 많다. 담배 한 가치를 물 속에 24시간 담가놓았다가 인체에 주사를 할 경우 즉사 가능하다는 사실도 입증된 바 있다.

어떻게 해야 하나요?

금단현상

 어떠한 약물을 복용하든지 모든 이들이 약물을 중단했을 때 나타나는 현상으로서 체내에 대뇌의 화학 구조가 요구하는 충분한 약물이 없을 때 신체에 나타나는 불쾌한 증상을 말한다. 이로 인하여 더 많은 약물을 찾게 되고, 정상기분을 유지하기 위하여 약물을 더욱더 갈급하게 되는데 이 증상은 불쾌한 증상으로 나타난다. 구체적인 증상으로는 신체적, 정신적 갈등이 심하고 불안, 비관, 허무, 우울, 피로, 근육통, 불면, 짜증, 초조 등 절망에 빠지거나 자살하게 된다. 이로 인하여 이들은 약물을 구하려고 어떤 일이든 가리지 않고 하게 되는데 이것이 범죄의 원인이 되는 것이다. 이러한 증상들로 인하여 약물에 중독된 이들을 찾을 수도 있다.

스스로의 역할

약물을 치료하기 위하여서는 나의 역할이 가장 중요하다.

1. 자기의 역할 단계

   1) 나의 문제점을 우선 인정해야 한다.

   "나는 약물에 중독되어 있다"는 것을 시인하는 것이다. 보통의 사람들이 다른 이들은 몰라도 "나는 절대로 중독자가 아니다. 마음만 먹으면 언제든지 끊을 수 있다"고 자신하는 데서 문제가 발생하는 것이며, 그렇기 때문에 약물에서 벗어날 수가 없는 것이다.

   2) 내 혼자의 힘으로 벗어날 수 없음을 시인하여야 한다.

   지금까지 혼자서 약물을 하지 않기 위하여 많은 노력을 했을 것이다. 아니 노력하지 않은 이들은 없었을 것이다. 혼자서, "하지 말아야지, 이번이 마지막이야. 절대로 안 돼." 등등 다짐하고 또 다짐하였을 것이다. 그러나 끊지 못했음은 누구보다도 본인이 잘 알고 있으므로, 이제는 내 혼자의 힘으로 하려고 했던 이 문제를 자격을 갖춘 이와 의논하고 하나님의 힘과 능력을 의지하여 믿음으로 극복할 수 있는 길을 찾아야 한다.

   3) 약물에서 벗어날 시간은 바로 오늘임을 기억한다.

   "이다음에, 이다음에가 아니라" 바로 지금부터 약물을 끊어야 한다.

   4) 이 문제가 재발되었다 해도 결코 포기하지 말아야 한다.

   많은 시간과 물질과 노력을 약을 위하여 지내왔기에 이를 단시간에 돌이킨다는 것은 쉬운 일이 아니다. 그러므로 자포자기하지 말고, 희망을 잃지 말아야 한다. 약물은 몇 달 몇 년 안 했다 하더라도 다시 할 수 있는 가능성이 있으므로, 이 문제는 평생을 두고 해결하여야 함을 기억하고 지속적으로 노력해야 한다.

5) 약물을 복용했을 때 만나던 친구들과 접촉을 하지 말아야 한다.
6) 약물에서 벗어났다고 해서 자만하거나 교만하지 말라.
   혹 어쩌다 한번의 약물로 실수를 하게 되면 반드시 이를 인정하고, 스스로를 합리화하거나 동기나 이유를 대지 말라.
7) 하나님을 굳게 믿고, 기도와 성경, 찬양을 꾸준히 하며, 교회 모임 등에 열심히 참석하도록 한다.
8) 자신의 삶을 하나님 앞에 헌신하며, 다른 이들을 도와야 한다.

2. 나의 문제점 해결방안

1) 자아를 죽인다.

   내가 살아 있기 때문에 항상 문제가 해결되지 않는 것이다. 이 세상에 내 힘으로 해결될 수 있는 것이 무엇이 있겠는가? 이를 깨닫고 하나님 앞에 매달리어 어린아이와 같은 심정으로 주께만 의지하여야 한다. 그러기 위해서는 겸손이 우선하여야 한다. 약물에 중독된 이가 아무리 잘났으면 얼마나 잘나고 일을 잘하면 무슨 소용이 있겠는가? 약물로 인하여 버려진 인생이었기에 스스로 낮아질 때 약물에서 벗어날 수가 있다.

    A) 말씀으로 겸손을 통하여 나를 낮춘다.

    B) 밑바닥 생활로 자신을 포기할 때 낮아질 수 있다.

    C) 충격적인 사건을 통하여 나를 뒤돌아볼 수가 있다.

예) 이혼, 자녀나 부모의 갑작스런 죽음 및 병, 약물로 인한 친구의 죽음, 약물로 인하여 범죄와의 관련, 약물 과용으로 인한 신체 장애, 교통사고, 사랑하는 이들과의 이별 등등.

2) 자신의 환경을 바꾼다.

지금까지 자신이 살아왔고 행동해 왔으며 자신이 몸담았던 직장, 학교, 사교집단 등에서 변화를 준다. 이것은 기존에 내가 해왔던 모든 일들로부터 해방이요, 앞으로의 새로움에 대한 기대이다. 처음에는 실천하기가 어렵지만 스스로 노력하고, 많은 시간들을 옛 모습에서 떠나 사는 연습을 하는 것이 중요하다. 예를 들면, 자신이 하고 싶었던 일들만 하고 지내온 이들은 남이 해주었으면 하는 일을 하도록 노력한다. 또한 자신의 의지와는 상관없이 주변 사람들을 만족시키려고 눈치를 보며 행동했던 이들은 자신이 일부러 자신을 숨기는 일이 없어야겠다. 또한 가정에서 TV를 장시간 보고 영화를 치중하고 있었다면 이모든 시간들을 줄이고, 가정일 청소, 빨래, 등을 돕는다. 될 수 있는 대로 가족과의 대화를 많이 하려고 노력하고, 가족하고 할 이야깃거리가 없더라도 식구들과 같이 있는 시간을 많이 만들어야 한다. 또한 음식도 육식을 좋아했었다면 이제는 채식 위주로 식단을 바꾸고, 단 것, 매운 것들을 주로 먹었다면 달지 않고 맵지 않은 것으로 바꾸는 것이 중요하다.

인스턴트 음식은 섭취하지 않으며 가능한 가정에서 정성이 들어간 음식을 식구들과 함께 먹는 것이 중요하다. 또한 카페인, 소다수 등 기호제 섭취를 최소한으로 줄이고, 신선한 과일, 주스, 밀크 등을 다량 섭취하는 것이 좋다. 직장이나, 학교도 옮기는 것이 바람직하며, 그 전에 약물을 통하여 알고 있었던 이들은 절대로 만나지 않는다. 그러나 각종 신앙모임, 프로그램 등에 참석하여 새로운 대인관계를 갖고, 그들로부터 격려와 위로를 나누고 누군가에게 봉사할 수 있는 시간을 갖는다. 특별히 중요한 것은 아침에 일찍 일어나고 밤에 꼭 잔다. 밤에 절대로 다니지 않는다. 무슨 일을 하든지 꼭 하나님이 나를 보고 있다는 것을 기억해야 한다. 밤에는 친구들과 나간다거나 혼자 외출하는 것을 삼간다. 어디를 가든지 행선지를 꼭 알리고 시간 안에 집으로 들어온다.

3) 자신의 삶을 돌이켜 본다.

남에게 피해를 준 것이 있는지를 돌이켜 생각해보고, 적을 수 있다면 하나하나 상대의 이름과 그 일에 대하여 자세히 쓴다. 구체적으로 그 잘못과 피해가 왜 일어날 수밖에 없었는지에 대하여 깊이 생각하고, 그들에게 찾아가서 용서를 구한다. 그리고 그들과의 관계를 회복하도록 노력한다. 또한 이러한 일들을 반복하지 않기 위한 방법에는 어떠한 것들이 있는지를 쓰면서 자신을 다시 한 번 점검한다. 남에게 잘한 것이 있는지를 돌이켜 생각해보고 잘한 일들은 무엇이며 그 상황에서 최선의 방법이었는지를 점검하고 어떻게 하면 다른이들에게 도움을 주면서 살 수 있는지를 조목조목 써본다. 그리고 이를 매일매일 읽고 이를 실천했는가를 살핀다. 나는 세상에 존재할 가치가 있는가를 생각하고 가치가 있다면, 무엇이 있으며 가치가 없다면 왜 그러한가를 번호를 매기며 쓴다.

3. 자신의 결정을 스스로 내리지 않는다.

이미 약물에 중독되었던 이들은 자신의 앞길을 판단할 수 있는 능력을 상실한 상태이다. 이미 자신도 모르는 사이에 약물에 젖어 있으므로 하고자 하는 거의 모든 일들이 자신의 환경이나 성격, 준비가 되지 않은 상태에 어떠한 일을 이루고자 애쓰는 경우가 많다. 만일 그 노력과 기대에 어긋나게 될 때는 반드시 습관이 재발될 우려가 있으므로, 자신이 준비가 된 상태인지를 스스로 체크하기란 어렵기 때문에 주위의 가깝고 올바른 인도자가 약물에 중독된 이를 보고 판단하여 결정하는 것에 무조건 따라야 한다.

A) 내가 원하는 일 원했던 일들은 스스로 결정해서는 안 되고 지도자의 조언을 절대 순종한다.

B) 믿음 생활도 스스로 바꾸려고 하지 말고 목사님이나 신앙인들에게 의견을 듣는다.

C) 자신이 누구를 사랑하는 것까지도 스스로 결정하면 안 된다.

4. 자신을 비판, 비관하지 않는다.

자포자기 - 보통 집안문제, 자신의 무능력 등을 핑계로 스스로의 인생을 포기하려고 한다. 그러나 진짜 자포자기한다면 약 때문에 초라하거나 비참하게 되기 전에 자살을 한다거나 죽기살기의 큰 사건을 일으키게 된다. 이것은 일부러 자신을 비관함으로 다른 이들에게 약물을 할 수밖에 없었다라는 동정과 이해를 받고자 하는 얄팍한 심리이기 때문이다.

5. 자신을 긍정적으로 대하자.

약물을 경험했던 이들은 모든 것이 부정적이다. 어떠한 일들을 접했을 때 긍정적이고, 가능하다는 것에 앞서서 불가능하며 안 된다는 것을 먼저 생각한다. 또한 사람들을 대할 때에도 나쁜 사람, 거짓된 사람으로 판단하며 상대의 약점들을 캐려고 한다. 주로 "안 돼, 안 돼"라는 단어를 사용한다. 자신은 무엇이든지 할 수 없다고 말하지만 그것은 거짓이며 보여 주기 위한 하나의 액션에 불과하다. 만일 진짜 자신을 그렇게 생각한다면 그러한 행동은 하지 않는다. 자신이 그러한 일들을 할 수 없음을 알고 있다면 스스로 해결하려고 하지 않고 다른 이들의 의견을 분명히 존중하겠지만, 그렇지 않기 때문에 겉으로는 이 사람 저 사람에게 의견을 묻고 듣고 이해하는 척하지만 결국 자신이 결정하는 것을 볼 수가 있다. 스스로가 할 수 없다면 혼자서 결정하겠는가? 특별히 약물을 접한 이들은 삶의 애착과 미련이 강하다. 입으로는 "나는 살고 싶지 않다"고 말하지만 그 누구보다도 삶을 사랑한다. 그렇기 때문에 더 큰 쾌락에 매어달리는 것이다. 그렇기 때문에 스스로를 학대하는 것 같으나 상당히 자신의 몸을 아낀다. 좋은 음식, 약을 먹으려고 하고, 좋은 옷과 좋은 차를 부러워한다. 특히 일확천금을 꿈꾼다. 그러므로 이러한 거짓으로 비굴하지 않고, 있는 모습 그대로 긍정적으로 자신을 아끼는 법을 연습해야 한다. 스스로를 아낀다는 것은 당연한 일이고 창피한 일이 아니다. 스스로를 부정적으로 대하여 약의 동기를 합리화시키지 말고 약의 동기를 자르는 것이 중요하다.

6. <u>스스로도 약물을 하지 않을 수 있다.</u>

자신이 생각하지 않고 장소를 가지 않으며 그러한 이들과 어울리지 않으면 된다. 신앙이 아닌 의지로도 가능하다. 그러나 정작 본인이 약을 하지 말아야겠다는 생각은 겉으로의 생각일 뿐, 그러한 것을 스스로 원하고 있기 때문에 약물에서 벗어날 수가 없는 것이다. 그러면서 신앙(믿음)을 이용하거나 혹은 환경, 조건을 이용한다. 술을 안 마시듯이 약물을 피할 수 있는데도 술을 보면 하게 되듯이 약물도 그러한 장소를 가게 되면 하게 되는 것이다. 그것을 중독이라고 할 수 있는데, 하나님은 우리에게 본인이 스스로 안 할 수 있는 힘을 주셨다. 본인 스스로가 일부로 환경을 만들 뿐이다.

약물의 치료방법

가정의 역할

약물을 치료하는 것에 있어서 가정의 역할이란 "나"의 역할보다도 더욱 중요하다고 볼 수 있겠다. 그러나 문제는 중독자 자신도 치료를 받아야 하지만 그 주변인들 또한 치료를 함께 받아야 한다는 것이다. 그 이유는,

첫째 - 중독자로 인하여 중독된 세월만큼이나 고통을 받아서 정신적으로나 경제적으로 어려움을 겪고 있기도 하며,

둘째 - 잘못된 가정으로 인하여 중독자의 길을 갈 수밖에 없었을 수도 있기 때문이다.

그러므로 가정의 역할은 중독자와 함께 부모도, 형제도 함께 치료받는다는 입장에 서야 하며, 중독자만 몰아세워 한 사람만 병자이고 가족들은 피해자로서 자신들은 괜찮다는 생각을 해서는 안 된다는 것이다. 즉 문제는 약물 중독자가 치료를 받아 약물을 끊기만 하면 나머지 식구들의 문제는 다 끝난 것으로 생각하는데 그 때부터가 바로 시작임을 인식해야 한다.

1. 가정이 중독자로부터 피해를 입었다는 생각부터 버려야 한다.

중독자가 어느 정도 안정이 되고 난 후라고 해서 지나간 과거에 집착하여, "내가 쟤 때문에 이렇게 되었다, 내가 얼마나 고생을 했는지 아는가?, 그때 그 일만 없었어도, 저놈이 까먹은 돈만 해도 얼만데, 내가 진작에 공부하라고 했지?, 그렇게 말을 듣지 않더니, 그 일만 생각하면 자디기도 벌떡벌떡 일어난다" 등등의 중독자가 잘못했던 지나간 이야기들을 무슨 일이 있을 때마다, 혹은 다른 사람들 앞에서 반복해서 이야기하는 경우가 있다. 이러한 가족들의 상처는 중독자와의 갈등을 낳게 되고 신뢰를 상실하며, 이는 중독자에게 다시 나가서 약을 하라는 강요가 되는 것이다. 그러므로 이러한 사건은 가족 구성원 중 특정한 그 누구의 잘못이 아니라 모두의 잘못이라는 의식이 필요하다. 그것은 가족이라는 관계 및 상호 작용을 상호 의존이라고 하는데, 이 영향을 받지 않는 식구는 한 사람도 없기 때문에 결국 가족 전체의 잘못인 것이다. 많은 가정들이 분노와 상처와 적개심을 의외로 많이 갖고 있으며, 이러한 생각들이 순간적으로 나타나곤 하기 때문에 중독자의 경우 감당하기 힘들어진다. 그러므로 이러한 사실을 공동적으로 책임을 지려고 하는 자세가 될 때 중독자도, 가족들도 함께 치유의 첫 단계로 들어설 수 있음을 명심해야 할 것이다.

(a) 정서 장애나 심리 장애를 보이는 가정
(b) 신체적인 구타나 성희롱이 있는 가정
(c) 지나치게 독단적이고 독선적인 가정
(d) 자녀를 우상화시키는 가정
(e) 가족 구성원 서로 서로가 무시하는 가정
(f) 구체적 믿음생활을 하지 못하는 가정
(g) 부모의 교육정도가 낮은 가정 (여기서 말하는 교육정도란 가정교육을 전혀 시키지 않는 부모를 말한다.)
(h) 가족의 구성원 중 특별히 강력한 힘을 가지고 있는 이가 있어서 그의 눈치를 살피는 가정 (아버지, 혹 어머니, 자녀)
(i) 편애 혹 사랑이 한사람에게 치우치는 가정
(j) 가족 구성원 중 탈선, 혹 단절된 자가 있는 가정
(k) 중독자가 한 명 이상 있는 가정

만일 이중에 속하는 가정이 있다면, 이러한 기본적인 것부터 해결이 되어야 한

다. 중독인들이 약물로부터 벗어나는 것도 중요하지만, 그 원인이 되었던 동기를 또다시 제공하지 않는 것이 중요하다.

2. 정확한 잘못의 지적과 관대한 사랑

"죄는 미워하되 죄인은 사랑하라"(잠 27:5)고 말씀하고 계신다. 물론 중독인을 사람으로 대하여야 한다. 그러나 "면책은 숨은 사랑보다 나으니라"고 말씀하신 것처럼 약간은 거칠어지고 분명한 잘못은 지적하고 넘어가야 할 필요가 있다는 것이다. 그렇다고 화를 내거나 감정의 절제를 못 하는 상태에서 지적하라는 것이 아니라, 이성적으로 표현을 해야 하며 잘못된 것이 왜 그러한가를 상대가 느낄 수 있도록 충분히 설명해야 한다. 그러나 무조건 약물에 관하여만 가슴 조이고 다른 것들에 관하여서는 관대하다면 언제나 환경을 낫하는 약물중독자의 또 다른 문제를 일으키도록 돕는 것이며, 결국 약물을 다시 하게끔 하는 또 다른 동기와 환경을 주게 되는 것이다. 즉 중독자에게는 이유가 많다는 것을 우린 이미 배웠으므로 그들에게 정당성을 제공해서는 안 된다는 것이다. 또한 지적하는 상태에서 끝나는 것이 아니라 약물 복용자가 잃고 싶지 않을 만큼 중요한 관계를 맺는 것이 필요한데, 중독자가 상대에게 신경을 쓰면서 관계 유지에 신경을 쓰도록 하는 것이다. 바로 그 대상은 중독자의 친구, 가족, 신앙의 리더일 수도 있다. 단 그 대상이 되려면 중독자에게 진정한 사랑을 줄 수 있어야 하며, 내가 중독자가 되어 보는 감정이입이 가능한 이들이 그 역할을 감당할 수 있다.

3. 위로와 격려

이미 중독이 된 이들에게는 어떠한 처벌, 회유, 협박, 설교 등을 하지 말아야 한다. 이로 인하여 그들이 더욱더 마음을 닫아 버릴 수가 있기 때문이다. 또한 위로한다고 하여 감정에 호소한다거나 중독자가 약물로 인하여 받는 고통이나 결과에 대하여 구해주거나 두둔하고 해결해 주지 말아야 한다. 단지 중독자에게 "할 수 있다."라는 희망과, 긍정적인 언어와 행동을 보여주고 격려해 주는 것이 필요하다. 또한 중독자들은 대부분이 부정적이고 비관적이기 때문에 이와는 반대로 행동하는 것이 좋다. 십계를 쓴 세실데밀(Cecil B. DeMille)은 "우리는 법칙을 깨뜨릴 수 없다. 단지 법칙을 거스르는 우리 자신을 깨뜨릴 수 있을 뿐이다"라고 표현했다. 약물이 미치는 영향은 우리가 어떠한 조처를 취한다 해도 그 증상이 나타나게 되어 있다. 그러나 중독자의 자세가 바뀔 때 약물은 더 이상 문제가 되지 않을 수 있다는 것을 명심하고, 중독자로 하여금 사물을 보거나 생각하는 모든 것들을 대하는 방식, 관점, 의식의 틀, 신념들이 바뀌도록 힘과 용기를 주어야 한다. 중독은 단 한 번으로 고침을 받는 것이 아니다. 물론 성령의 힘으로 한 순간 고침을 받기도 하지만, 대부분의 경우는 평생을 두고 고민하고 해결해야 하기 때문에 너무나 급작스러운 변화를 요구하여서 중독자들에게 부담감을 주지 않도록 하는 것이 현명하다. 설령 약물을 하지 않은 지 오랜 세월이 흘렀다가 다시 시작한다 하더라도 "오랜 기간을 하지 않았으니까, 앞으로는 더욱 오랜 시간을 안 할 수 있다." 라는 격려가 중독자에게는 필요한 것이다. 그러나 중독자 앞에서 가족의 문제, 신세한탄, 걱정들을 하지 말아야 한다. 특히 부부의 관계에 있어서 가정 내 이혼이 상당히 많거나 최악의 관계를 유지하는 경우에는 자녀가 문제일 경우가 부지기수다. 오히려 편부, 편모에서 자라더라도 정상적으로 사랑을 충분히 받은 가정이 탈선의 위험이 적다는 사실을 기억하기 바란다. 그러므로 이러한 부모의 문제들을 자녀들에게 충분히 이해시켜야 하며, 욕하는 것으로 이를 해결받으려고 하지 말라.

중독인에게 말하여도 그들이 해결할 수 있는 것이 아니기 때문에 오히려 이러한 문제들을 주입시킴으로 중독자 스스로 "나는 이러한 환경이었기 때문에 망가질 수밖에 없다"라고 확정적으로 인식하게 되는 것을 피하여야 한다.

4. 가정 환경을 바꾼다.

거주지역을 바꾸는 것도 하나의 방법이 되기도 한다. 새로운 시작이라는 희망을 갖게 하기에 좋은 방법이 될 수 있다. 이로 인하여 약물을 같이 하던 친구들과 접촉을 피할 수 있다면 힘들더라도 집을 옮기는 것이 좋다. 가능치 못할 경우에는 집안의 가구, 환한 커텐, 밝은 분위기를 연출하고 중독자가 관심을 두는 나무, 꽃, 애완동물 등을 키우는 것도 효과적이다. 중요한 것은 집안 전체가 환하게 창문이 나 있는 곳, 어둡지 않은 곳을 중독자에게 사용하게 하는 것이 좋다. 그밖에 이기적이었던 가정생활이었다면 가족 구성원 전체가 서로 돕고 이해하는 분위기를 만들고, 내가 싫더라도 희생하며, 하루에 한 번 이상은 일부로라도 서로가 칭찬하는 습관을 만들어 건강한 가정을 만들어나간다. 병든 가정은 절대로 중독자를 치유할 수가 없음을 기억하기 바란다. 간혹 중독자가 자기의 방을 어지럽게 하고 약물 도구나 이상한 그림을 보고, 이상한 음악들을 듣고 있다면, 그것을 본인에게 양해를 구하고 치우거나 만일 치우지 못하게 한다면 중독자 스스로가 치울 때까지 만지지 않는 것이 좋다. 가끔 부모들이 자녀들의 방에서 마음에 들지 않는 물건이나 그림, 책, 음악들을 함부로 버리고 치우고 십자가를 달고 찬송가를 틀어놓는데, 이것은 중독자에게 상당히 거부감을 주며 더욱더 관계를 악화시키는 원인이 된다는 것을 명심하여, 스스로 하도록 유도하는 것이 바람직하다. 약물에 중독되었다고 해서 중독자가 가족 구성원으로서 해야할 일을 하지 않는다면, 질책하고 하도록 시키는 것은 당연한 것이다. 그러므로 무조건 약물 때문이라고 모든 것을 중독자 위주로, 혹은 중독자로 인하여 가족 전체가 필요한 것들을 저버릴 이유가 없다. 일상활동이나 생활이 중독자로 인하여 영향 받지 않는 것이 가족들의 정신건강을 위하여 옳은 일이며, 또한 단기적으로 해결되는 일이 아니므로 모든 생활이 중독자를 위하여 매어 달리는 것은 현명하

지 못한 일이다.

5. 대화의 방법을 바꾼다.

대화라는 것은 서로가 주고 받는 것이지 어느 한편의 일방적인 것은 대화가 아님을 명심하고, 서로가 자신의 의견을 교환하는데 있어서 감정이 생기게 되면 어느 정도에서 멈추는 것이 현명하다.

a. 잔소리는 절대로 하지 않는다.

b. 쓸데없는 말, 도움이 되지 않는 말은 하지 않는다.
(지나간 과거, 중얼거림, 혼자 욕하는 것, 남의 말 등)

c. 다른 이들과 비교하지 말라. (누구는 OO대학에 들어갔는데 너는…)

d. 중독자가 약에 취해 있을 땐 대화하지 말라.

e. 감정을 자극하여 죄책감을 갖게 하지 말라.

f. 중독자의 말을 잘 들어주되 그 말을 믿지 말라.

g. 부모의 뜻만을 강조하지 말라.

h. 자녀가 중독자일 경우 자녀로부터 부모를 이해시킬 수 있는 기회를 주고, 무조건 몰아세우지 않으며 차근차근 잘못을 설명한다.

i. 극단적 언어는 사용하지 않는다.

j. 화가 나면 대화를 멈춘다.

k. 대화가 힘들 땐 편지나 전화로 이야기한다.

l. 대화 중에 칭찬과 인정하는 언어로 용기를 준다.

m. 거짓말을 해도 그 자리에서 비판하지 않는다.

n. 대화중 화가 난다고 해서 폭력을 사용하지 않는다.

o. 피부접촉을 하며 대화한다. (양손을 잡는다, 어깨를 감싼다, 등을 두드린다, 그러나 얼굴이나, 머리, 그외 신체의 다른 부분은 될 수 있는대로 만지지 않는 것이 좋다.)

6. 중독자에 대하여 솔직히 상담하며, 어느 한 유형에 치우치는 가정이 되어선 안 된다.

참으로 많은 이들이 가정에 중독인이 있음을 숨기는데, 전문기관에까지 와서 숨기기도 한다. 언제부터 무슨 약을 왜? 기타 등등의 세부적인 내용들을 솔직히 고백함으로 그 문제점을 짚어나가야 하는데, 이러한 약물에 관한 것들을 중독인 자신보다도 가족들이 더 많이 숨기기 때문에 치료하기가 상당히 어렵다. 그러므로  솔직해지는 것이 필요하다. 죄의 문제를 해결받기 위하여서는 죄를 내어놓아야 하며, 그 죄악은 반드시 원인이 있고 그 원인은 결코 중독자 한 사람만의 잘못이 아님을 인식하고 함께 치료를 받는 입장에서 "나는 결코 정상인이다."라는 생각을 버리고 가정도 어떠한 문제가 없는지를 살펴보아야 한다는 것이다. 그 이유는 가정 전체가 대부분 '정상'이 무엇인지 혼란에 빠져 있기 때문이며, 가식적으로 정직하지 못한 생활을 하는 가정이 많기 때문이다. 또한 너무 비판적이거나 대인관계가 원만하지 못한 가정, 칭찬과 인정에 인색한 가정, 책임감이 없고 충동적인 가정이지는 않는가를 오픈하는 것이 중요하다.

중독자를 계속 중독 상태에 머무르게 하는 방법.
 a. 중독자 때문에 가족이 고통을 받아서 심한 상처를 입고 있음을 알림으로 약물 남용을 멈추게 하려는 방법.
 b. 중독자에 대한 처벌과 수단을 찾아서 욕을 하거나, 물리적으로 행사함으로 약물을 멈추게 하려는 방법.
 c. 수시로 소재를 파악하고, 친구, 교회, 주변인들에게 이야기하고, 도움을 무조건 받아들여서 여기저기 많은 이들을 통하여 통제하는 방법.

 d. 약물사용자를 포기하는 방법.
 e. 무조건 어느 기관에 수용시키는 방법.
 f. 중독자를 피하여 도망하는 방법.
 g. 중독자가 무서워 숨죽이며, 원하는 것을 다해주는 방법.
 h. 전문기관의 말보다 중독자의 말을 신뢰하여 오히려 전문기관을 신임하지 못하고 탓하며 책임을 전위시키는 방법.

위와 같은 방법들을 취하고 있는 가정이 있다면 그 가정의 중독자는 치료를 받기가 상당히 어렵다는 것을 인식하여야 한다.

7. "너는 마음을 다하여 여호와를 의뢰하고 네 명철을 의지하지 말라 너는 범사에 그를 인정하라 그리하면 네 길을 지도하시리라" (잠 3:5,6)

우리의 힘으로는 아무 것도 할 수 없다. 단지 최선을 다하여 하나님 앞에 간구하고 기도함으로 지혜를 얻고, 성령의 도우심을 받아 하루 하루 중독된 이들의 친구가 되고 동행인이 되어서 용기를 주는 것이 우리의 할 일이다. 그러나 분명한 것은 약물을 사용하지 않은 지 3개월이 되었다면 앞으로 3개월 동안 약물을 억제할 수 있는 힘이 생긴 것이고, 1년이 되었다면 앞으로 1년 동안 절제하는 힘이 생긴 것이다. 시간이 누적될수록 그 힘이 더욱 생겨날 수 있으며, 이를 통하여 스스로를 조절할 수 있게 된다는 사실이다. 그러나 이러한 힘은 올바른 신앙생활에서만 가능한 것이기에 가족 전체가 오직 하나님께 의지하는 귀한 믿음의 가정이 될 때만이 온전한 치유를 받을 수 있음을 명심해야 할 것이다.

8. 가정이 해야 할 구체적인 일

보통 약물은 주로 낮보다는 밤에 사용하게 되며 겨울보다는 여름에 주로 사용한다. 또한 아플 때는 특별히 약물이 생각나며, 싸이클이 있어서 주기적으로 약물이 걷잡을 수 없이 생각난다.

a. 약물을 주로 사는 곳에 가지 못하도록 주의시킨다.

b. 함께 약물을 복용했던 친구들과 만나지 못하게 한다.

c. 혼자 있게 하지 않는다.

d. 무슨 일이든 할 수 있도록 만들고, 바쁘게 한다.

e. 가족과 함께 취미생활에 흥미를 갖도록 시간을 만든다.

f. 부모가 골프, 비디오 등을 좋아했다면 Stop한다. 부모도 절제함을 보여 주는 것이 중요하다.

g. 하루에 한 번 이상 가족이 함께 만든 음식으로 식사한다.

h. 하루 한 번 이상 칭찬의 말을 해주고, 잘하는 일을 특별히 칭찬하라.

I. 중독자의 일을 대신 해주지 말라.

j. 중독으로 인한 사건이 생겼을 때 얼버무리고 넘어가지 말라.

k. 약물을 숨기거나 치우지 말라.

l. 중독자와 함께 술, 담배, 약물을 복용하지 말라

m. 탄산음료, 기호제를 집에 사놓지 말고 먹지 말라.

n. 항상 미소나 웃는 얼굴을 하고 있어라.

o. 중독자에게 도움을 받아라. (일을 맡긴다. 단 돈은 절대로 안 된다)

p. 중독자가 좋아하는 친구의 가정들이 매월/매주 모임을 갖는다.

r. 최소한 일 주일에 한 번은 정장을 시킨다.

s. 처음부터 들어 줄 일은 OK로 일관, 들어 주지 못할 일은 끝까지 NO.

t. 부모를 공경하라. 중독자를 공경하지 말라.

u. 중독자에게 조금이라도 기대하지 말라.(지나친 기대로 인하여 약물을 조금이라도 하지 않고 있으면 부모를 위한 것처럼 으시댄다)

v. 약물에 대하여 공부하고, 전문기관과의 지속적인 연락을 취하라.

w. 가족 모두가 인내가 필요하며, 하나씩 천천히 해나가야 한다.

x. 이제는 "나", "내 가족"을 위하여 사는 것이 아니라 하나님을 위하여 사는 가정이 되어야 한다.

y. 남을 욕하지 말며, 봉사하는 것을 가르치라. 그러기 위하여서는 부모가 먼저 봉사하는 본이 되어야 한다.

z. 말씀과 기도로 하루를 시작하고, 하루를 마치는 가정이 되어야 한다.

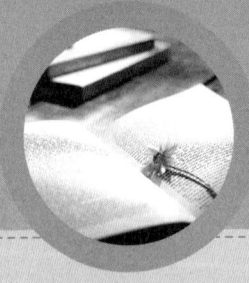

자녀들이 싫어하는 부모상

1) 잔소리 (해라, 하지 말라)
2) 자신에게 거는 기대로 부담감을 준다.
3) 어릴 적 정말 부모가 필요할 때는 함께 있지 않고 다 커서 자신들이 부모와 함께 있기 싫어한다고 말한다.
4) 잘못을 꼬집어 네 에미, 애비 닮았다고 화낸다.
5) 돈으로 해결하려고 한다.
6) 무조건 공부 잘하면 다 된다고 생각한다.
7) 부모 사이가 너무 나쁘다. 서로가 서로를 욕한다.
8) 과외 활동(운동, 악기, 그림 등)을 무조건 시킨다.
9) 자기 일에 바빠 피자, 햄버거 등을 주로 먹게 한다.
10) 부모는 담배, 술을 하면서 자녀는 못 하게 한다.

11) 부모의 잘못을 이야기하면 소리지르고 화낸다.
12) 자녀를 인격적으로 대하지 않고 소유물처럼 막 대하면서도 무조건 자녀를 위하여 한다고 말한다.
13) 비디오만 보는 엄마, 골프만치는 아빠
14) 교회 직분에 상관없이 이중적이다.
15) 자녀에게 물질 최고를 심어준다. (변호사, 의사, 박사, 교수 등등)
16) 어릴 때에 자신의 의견을 무시, 무조건 부모의 말을 듣게 한다.
17) 화를 자주 내며 폭력적이다. (구타)
18) "넌 몰라도 돼, 들어가 있어. 시끄러워 네가 뭘 안다고" 등 무시한다
19) 억지로 교회, 학교에 가라고 한다.
20) 자녀의 친한 친구를 욕한다.

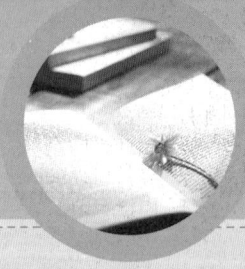

올바른 자녀로 성장시키기 위한 방법

1. 가족이 가능한 하루 한번은 함께 식사하도록 한다.
2. 가족이 함께 하는 전통(행사) 을 만들라. 여행, 기념일, 파티, 영화 등
3. 일방적인 말보다 대화가 필요하다. 잔소리 금물, 인격을 존중.
4. 모험, 상처, 위험, 도전, 실패, 좌절, 낙심 등을 경험하게 하라.
   그러기 위하여 무조건 자녀가 원한다고 모든 것을 공급하지 말라.
5. 부모가 부모를 공경하는 것을 보이라.
6. 신앙 안에서 생활하는 본을 보이라.
7. 가족에게 쓰는 시간과 돈을 아깝게 생각하지 말라.
8. 남을 이기고 앞서는 것을 칭찬하는 것이 아니라, 돕고 양보하는 것을 칭찬하라.
9. 하루 한가지씩 자녀의 좋은점을 찾아 칭찬하라.
10. 자녀의 친구와 친구의 부모들과 유대관계를 갖는다.
11. 평소 친구들과 자주 가는 당구장, 노래방, 술집 등을 알아 놓는다.
12. 자녀와 신체적 접촉을 자주 갖으라. 안고, 키스, 손잡고, 어깨를 감싸안는다, 등을 자주 두드려 준다. (머리는 터치하지 말라)
13. 무슨 일이 있어도 부모는 자녀의 편임을 심어 주라.
14. 음악, 영화 등을 보고 무엇이 나쁜 점인지 스스로 이야기하도록 한다.
15. 그룹활동으로 자연스럽게 이성을 만날 수 있도록 유도한다.
16. 개인시간을 될수록 주지 않는다.
17. 부모가 화가 나있을 경우 자녀와의 대화를 하지 말라.

18. 자녀에게 이상한 점을 발견하면 즉시 전문기관과 상담하라.
19. 비타민, 정력제, 진통제 등을 자녀들 앞에서 자주 먹지 말라.
20. 아버지의 권위를 무시하지 말고 부부가 서로를 존중하라.
21. 자녀에게 책임감을 심어주고, 상벌을 분명히 하라.
22. 집안을 청결하게 유지하고, 엄마의 단정한 모습을 보여라.
23. 자녀의 문제를 부모가 결정하지 말고 실패가 있더라도 스스로 결정하게 하라.
24. 비디오, 컴퓨터, TV를 멀리하라.
25. 자녀의 앞날을 변호사, 의사 등 물질에 기준을 세우고 말하지 말라.
26. 자녀 앞에서 남을 욕하지 말라.
27. 인간답게 사는 도덕, 윤리를 가르치라.
28. 자녀가 실패(성적저하, 좌절 등) 했을 때 혼내지 말고 "넌 할 수 있어"를 심어 주라.
29. 자상한 언어를 사용하라. 욕하지 말라. 폭력을 행사치 말라.
    만일 때릴 때는 한 두대로 끝내지 말고 완전히 끝장을 내라.
30. 작은 약속이라도 자녀와 한 것은 반드시 지켜라.
31. 자녀에게 지나친 기대를 삼가라.
32. 용돈을 많이 주지 말라.
33. 비퍼, 핸드폰, 차(고급 차는 절대 안 됨)는 가능한 늦게 사줘야 한다.
34. 한국인의 긍지를 심어 주라. - 존경하는 위인을 갖도록 유도하라.
35. 학교 방문을 한 달에 꼭 한번 이상 하라.

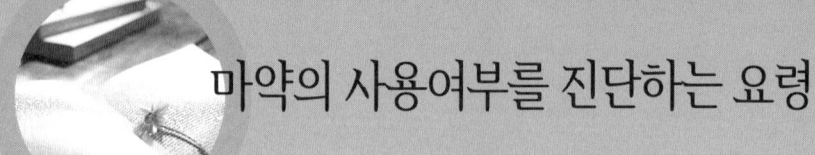

마약의 사용여부를 진단하는 요령

1. 친구들이 약을 하면 내 자녀도 대부분 약을 한다고 본다.
2. 먹는 습관이 바뀜 / 갑자기 안 먹거나 폭식.
3. 취미 생활에 갑자기 흥미를 잃음.
4. 담배, 술 등 기호제를 지나치게 많이 먹음.
5. 잠을 갑자기 많이 자거나 안잘 때 죽은 듯이 잘 때.
6. 행동이 초조, 불안, 기분이 자주 바뀜.
7. 갑자기 살이 빠짐.
8. 무엇인가 취한 듯한 느낌.
9. 이상한 냄새, 향수를 지나치게 사용, 껌, 사탕을 많이 먹음.
10. 괜히 히죽거리며 웃고 괜히 화낸다.
11. 눈이 마주치는 것을 피함.
12. 거짓말을 많이 한다.
13. 돈 씀씀이가 헤프고 어디에 썼는지 정확하지가 않다.
14. 집밖에서 잠을 많이 자고, 늦게 들어오거나 외출한다.
15. 호주머니에서 풀, 하얀색 가루, 빨래 비누 조각등이 발견
16. 눈이 충혈되어 바이진을 자주 넣으면 마리화나 사용 가능, 눈이 유달리 빛이 나며 반짝 거리며 눈알을 계속적으로 굴릴 경우 마약복용 가능.
17. 친구들의 옷차림, 모습이 이상할 경우 내 자녀에도 문제 가능.
18. 유리 파이프나, 알미늄호일, 하얀 습자지 등이 발견될 경우.

19. 똑같은 행동을 반복적으로 하거나 같은 실수를 매번 할 때.
20. 혼자만 있고 싶어하고, 자기의 방을 지나치게 더럽힐 때.
21. 화장실 자주 가고 방귀를 많이 뀐다.
22. 헛구역질을 자주하고 외모에 신경을 쓰지 않는다.
23. 아무 약(영양제, 두통약, 소화제 등)이나 습관적으로 사용
24. 소염제 약봉이 나오거나, 헤비메탈, 랩 등을 많이 듣는다.
25. 잠을 잘 때 자주 무서운 꿈을 꾼다거나, 헛것이 보인다.
26. 눈 주위가 건강하게 보이지 않으며 섬뜩한 분위기가 있을 때.
27. 외박이 잦고 집에 있는 것을 싫어하거나, 자기 방에서 친구도 멀리하고 계속적으로 시간을 보낼때.
28. 밤에 잠을 자지 않으며, 한가지 일을(예: 컴퓨터, 책읽기, 오락, TV 시청, 화투, 포커, 그림 그리기, 음악 듣기 등) 몇 시간씩 움직이지 않고 계속할 경우.
29. 성적이 점차 떨어지고, 전화나 비퍼 사용이 많아질 때.
30. 지키지 못할 약속을 하고, 친구들에게 돈을 자주 빌린다.
31. 집안의 물건이 없어지기 시작하거나 부모의 주머니에서 잔돈들이 없어진다.

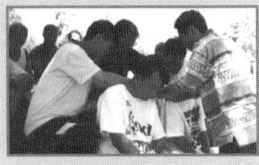 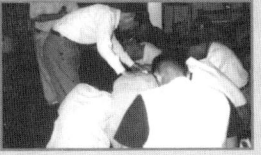

나눔선교회 소개

"그리스도 안에서-나쁜 습관으로부터의 자유"

두렵고 혼자라는 것이 두렵습니다.
이제는 어디에 사는지조차 알지 못합니다.
내게 가장 소중한 이들을 잃으면서까지도 끊을 수 없는 악연인 약을…
아직도 이렇게 추한 모습으로 하고 있습니다.
저주하고 싶고 원망스러운 이런 생활에 오늘 당장 죽었으면 하는 바램 뿐입니다.
그러나 모진 인생 이렇게 바닥까지 왔음에도 뜻대로 되지 않고
다시 시작할 용기도 자신도 없습니다.
고통뿐이지만 그래도 반드시 해야하는… 정말 싫습니다.
그러면서도 살고 싶습니다. 어떻게 해야하는지…
하나님이 계시다면 왜, 왜 나를 이렇게 내버려두시는 것입니까?
누구도 없어요. 그 누구도… 이젠 끝입니다…."

맥아더 공원에서 어느 중독자가 후회와 자책에 몸부림치며 절규하는 외침이 여기에 있습니다. 믿음으로 은혜와 사랑으로 차 있어야 할 그네들의 마음속에 없어져야 할 것들로 차고 넘치는 슬픈 현상이 바로 이들의 마음입니다.
여기 땅끝과도 같은 전도의 현장이 있습니다. 어느 신학자는 (Emil Brunner)
"불이 타므로 존재하는 것처럼 교회는 선교하므로 존재한다."고 했습니다.
나 같은 죄인을 구속하기 위하여 십자가에서 피흘려 주신 주님의 사랑을 깨닫고 이웃들과 이 복음을 나누고 싶습니다. 나눔과 봉사는 하나님께서 우리에게 허락하신 이 세상에서만이 할 수 있는 특권입니다. "사람이 사는 동안에 기뻐하며 선을 행하는 것보다 나은 것이 없는 줄을 내가 알았고.." 라고 전도서 기자는 말했습니다.(전 3:12) 감당할 수 없는 광대하신 주님의 사랑에 너무 고맙고 감사해서 이 시대의 당면 현실을 간과하지 않으려 합니다.
주님의 발자국을 따라 나눔선교회는 담대하게 나아갈 것입니다.
버려지고 소외된 안타까운 영혼들을 향하여….

나눔 선교회 **김영일** 목사

선·교·경·영·계·획

1. **기본치료: 영적 치료의 내용**
   - 예배   • 성경공부   • 기도   • 상담
2. **치　료: 사역의 내용 (중독인의 경우)**
   - 함께 숙식하며 영적 12단계 운영
   - 마약, 알코올, 도박, 청소년문제등에 따른 전문적 상담/전화상담, 만나는 상담, 법률 상담.
   - 주의 깊은 관찰과 관심으로 모든 행동을 체크한다.
   - 증세에 따라 주변환경과 격리 혹은 프로그램만 참석시킨다.
   - 증세가 가벼운 이들을 위해 팀워크를 갖는다.
   - 그룹 활동 (기도,예배,학습,토론,운동등)을 갖는다.
   - 중독이전 좋아하던 것들을 집중개발 시킨다.
   - 산상수련회를 통하여 극기훈련을 시킨다.
   - 금단현상에 따르는 적절한 신체후식 및 의사처방을 받는다.
   - 각종 중독을 유발시키는 현상에 따른 특별 세미나와 교육을 받는다.
   - 민족적 긍지를 위한 문화예술, 한국어교육등 답사를 한다.
3. **치 료: 사역의 내용 (가족의 경우)**
   - 그룹 활동 - 학습,토론등을 통한 이해와 관심을 가지고 사랑으로 도울 수 있도록 개발시킨다.
   - 심리적, 정서적 안정과 중독 상황의 요인들을 스스로 변화시키기 위한 특별상담기간을 갖는다.
   - 올바른 지식과 교육을 세미나 / 구체적 교육을 통하여 받는다.
4. **예방책**
   - 각종 세미나를 통하여 계몽활동을 한다.
   - 간증집회 / 찬양 그룹을 통한 홍보활동을 한다.
   - 호기심과 주변의 유혹, 환경, 상황에 따라 대처할 수 있는 교육을 보급시킨다.
   - 약물예방을 위한 캠페인을 한다.

In Christ Free from the Bad Habits

I'm afraid of the night. Being alone is a scary thing. My wife and children have left me, and I don't know where they are. Even though it drove away the most important people in my life, I couldn't give up drugs. So I continue to live in loneliness and filth.

I wish I could end this cursed life. But like a choking weed, my life goes on, and I don't have the courage to start over again, even though I've hit rock bottom. The drugs no longer give me pleasure and joy-only suffering and pain. Nevertheless, they still control me. I hate this life. But I still want to live…I don't know what to do. If there's a God, why is He letting me live this way?
I don't have anyone…

This is a cry for help from a drug addict who lives with guilt and regret in MacArthur Park, where there are many more like him. This may be considered one of the most remote parts of the world, and here, in our very own neighborhoods, we have found a missions field.

Our desire is to share the gospel with them, that they might know the blood of Christ shed for them on the cross. Through this, we hope that they would be saved and come to enjoy the new life and hope found only in Jesus Christ.

Sharing this truth with them and serving them is a privilege God has permitted us. "I know that nothing is better for them than to rejoice, and to do good in their lives,... " Ecclesiastes 3:12 We have found such awesome grace and salvation in our Almighty God, and we long to make this grace known to those who are desolate and without hope.

문·제·해·결·방·안

1. 대상 / LA 근교 한인을 집중대상으로 한다.

2. 중독의 실태를 집중조사, 근원을 파악 현실적 연구를 거듭한다
   - 한인과 외국인 중독현상의 차이점 인식
   - 한인의 민족성, 체질, 가치관, 중독의 잘못된 지식으로 인한 특수현상을 분석연구
   - 중독자의 시작동기, 원인, 사고방향 등을 연구
   - 중독실태 파악을 통한 예방책 연구

3. 선교회의 구체적 방향
   - 그리스도를 주로 영접하고 그 영혼 구원에 목적을 두며 영적성장에 주력한다.
   - 그들과 함께 동행할 수 있으며 하나님 안에서의 공감대와 그리스도 안에서의 유대감을 형성한다.
   - 말씀, 기도, 찬양을 통하여 하나님을 향한 뚜렷한 삶의 목표를 제시한다.
   - 실태조사에 따라 한인에게 적합한 단계별 프로그램을 형성, 진행, 체크한다.
   - 민족적 긍지와 올바른 가치관, 도덕관을 확립시키며 삶에 가치를 부과하여 건전한 사회의 일원으로 회복시킨다.

설 · 립 · 목 · 적

1. 사회에서 버림받고 따가운 눈총 속에 격리되고 소외 된 자들을(도박, 알코올, 마약, 청소년 문제 등) 우리의 힘으로는 할 수 없으나 "내게 능력주시는 자 안에서 능치 못함이 없음"을 믿고 예수 안으로 그들을 인도하는 것을 제1의 목적으로 한다.

2. 이러한 중독자들과 가족 구성원들이 겪었을 아픔을 함께 나누고 그 근본 원인을 해결하는 것을 제2의 목적으로 한다.

3. 이들을 새롭게 변화시켜 하나님의 군사로 재편성, 사회의 봉사자로 환원시키는 것을 제3의 목적으로 한다.

4. 기존의 나태하고 안일한 신앙관을 탈피하여 적극적 자세로 현실에 참여하여 하나님의 일꾼으로의 도전과 변화의 운동을 일으키는 것을 제4의 목적으로 한다.

5. 급증되는 중독현상을 막기위한 최선의 방법인 예방의 기틀을 마련하여 죄에 민감해지는 하나님의 자녀가 되게 하는 것을 제5의 목적으로 한다.

---

1) To reach out and share God's Word with those who are suffering and have been rejected by society due to their addictions.

2) To help substance abusers and their families work together to overcome their problems.

3) To equip and train recovering substance abusers to serve God in the church and in the community.

4) To help recovering substance abusers overcome temptations and become positive contributors to society.

5) To increase drug awareness and there by facilitate substance abuse prevention.

선·교·정·책·방·안

지나친 물질 중심으로 가치관이 상실되어 가는 사회가 형성되고 쾌락과 허무주의 등 그 속에서 현대인들은 양심을 잃어버리는 고독한 상처를 받고 소외되는 계층으로 살아가고 있습니다. 이러한 상처를 위로받고자 그릇된 선택, 중독현상, 각종 범죄는 사회의 병리현상으로 더 이상 낯선 이야기가 아닌 것입니다.

"맥아더 팍 밤만 되면 약국" (한국일보 11/19/96)
"청소년 50% 이상 약물 복용의 경험 / 마리화나 90% 이상 경험"
"쌍둥이 자매 살인기도 사건…"

위와같은 큰 머릿기사들은 남의 이야기가 아닌 바로 우리 형제, 자매들의 슬픔이며, 우리의 현실입니다. 그러기에 나의 남편, 나의 아내, 나의 자녀, 나의 친구들이 그 고통들을 서서히 노출시키며 힘없는 고통으로 도움을 요청하고 있습니다.

이제 우리들은 높아져가는 담을 허물고 그들과의 고통을 나누어야만 합니다.

더 이상의 무관심으로 인하여 우리와 그들 모두를 죽음의 길로 가도록 내버려둘 수는 없습니다. 하나님은 우리가 해답을 찾고만 있기를 원치 않으십니다.

예수님은 우리 자신이 해답이 되기를 원하십니다.

가·입·안·내

자원봉사를 원하시지만 시간이 없으시다면..
후원회 가입으로 약물 남용퇴치 운동에 동참하실 수 있습니다.

높아져 가는 담을 허물고 고통을 나누어야 합니다.
더 이상 무관심으로 인하여 우리와 그들 모두를 죽음의 길로 가도록 버려둘 수 없습니다.
하나님은 우리가 해답을 찾고만 있기를 원하시지 않습니다.
예수님은 우리 자신이 해답이 되기를 원하십니다

나눔 선교회는 청소년 문제, 마약, 알콜, 도박으로 인한 상담을 기다리고 있습니다.

재활센터 Recovery Center

약물 남용 문제로 심한 고통 속에 있거나 본인 스스로 이 아픔 속에서 해결 받고 싶은 분들을 위하여 함께 숙식하며 생활하는 프로그램입니다.

캠페인 센터 Campaign Center

약물남용의 예방과 홍보를 위하여 약물에 관한 자료와 각종 내용물을 보급하고 계몽하는 프로그램입니다.

후 · 원 · 안 · 내

현대는 마약, 각종범죄, 도박, 알코올 등의 타락으로 휘청이고 있습니다.
특히 젊은이들이 이 쾌락 속에서 헤어 나오지 못하여 속수무책으로
희생 양들이 되어가는 우리들의 자녀를
지켜볼 수밖에 없는 암담한 현실인 것입니다.
이러한 타락되어 가는 현장을 향하여
예수 그리스도의 이름으로 끊임없이 도전하여
성령의 힘으로 이를 물리치는 데 주력하고자 본 선교회를 설립하였습니다.
본 선교회는 마약, 말코올, 도박, 청소년 문제에 대한 프로그램을 진행시키고
그들의 영혼을 부활시키고 새 생명을 얻도록 함께 노력하는 모임입니다.
나눔선교회는 관심과 사랑이 있으신 분들의 후원으로 운영되고 있습니다.
약물중독의 치료와 예방을 위해 사역하는
본 선교회와 재활중인 지체들을 후원하실 분들을 찾습니다.
함께 마음과 사랑을 나누어 주십시오.

Tel : 213-389-9912 Fax : 213-389-5383
1927 James M. Wood Bl. Los Angeles, CA 90006

그리스도 안에서 자유를 위한 기도문

개인이 드려야 할 각성기도 (Personal Renewal Prayer)

하나님 아버지, 나의 눈을 열어 주셔서 주님의 진리를 보게 하옵소서.
나에게 들을 귀를 주시고, 예수그리스도께서 나를 위해서 행하신 일들에 관하여
믿음으로 응답할 수 있는 뜨거운 마음을 주시옵소서. 죽으시고 부활하셔서 통치하시는 예수님이
나의 유일한 주님이시요, 구세주됨을 고백합니다.
또한 그리스도께서 나의 죄를 위해서 십자가에 죽으시고,
죽음으로부터 부활한 사실을 믿고 고백합니다. 더우기 나를 어두움의 웅덩이로부터 건져주시고
빛의 왕국으로 옮기셔서 의롭게 하여 주심도 확실히 믿습니다.
나는 사단의 행한 모든 것들을 거절합니다. 예수그리스도께서 나의 주님, 구세주, 교사,
그리고 친구됨을 선포합니다. 주님께서 명령하신 모든 것을 지켜서 순종하기로 나 자신을 헌신합니다.
그리스도께 나의 모든 것과 권리를 드려서 주님이 원하시는 일을 하고, 주님이 원하시는 사람이 되고,
주님이 포기하기 원하시는 것을 포기합니다. 나는 그리스도 안에서 구속과 죄사함을 받았음을 선언합니다.
나는 하나님 아버지와의 평강을 환영합니다. 나를 향한 그리스도께 대한 믿음의 표현으로
나에게 상처를 주고 어렵게 하고 나를 이용한 모든 사람들을 용서합니다.
모든 일에 하나님만이 오직 유일한 완전한 재판장이심을 믿습니다.
그리스도 앞에 나의 마음의 문을 엽니다. 주님께서 나의 모든 부분을 주장하시기를 원합니다.
기쁨으로 나의 삶의 구석구석에 성령의 충만하심을 환영합니다.
예수님이 다시 오시는 그날까지 그리고 생명의 책에서 나의 이름을 부르시는
그날까지 지금부터 그리스도와 화목한 삶을 살 것을 위해서 나를 주님께 드립니다.
하나님 아버지, 예수그리스도와 당신의 은혜 속에 살고있는
모든분들과 나를 하나되게 하시니 감사합니다.
능력의 예수님의 이름으로 기도합니다. 아멘.

영적 적들의 공격 (Attacks of Spiritual Enemies)

하늘에 계신 아버지, 주님만이 우리의 안식처가 되심을 감사합니다.
우리는 주 안에서 그의 능력의 힘 안에서 강건하기를 소원합니다.
예수 그리스도 안에서 하나님의 전신갑주를 입습니다.
우리는 믿음 안에서 흔들림이 없이 든든히 서고 강건하기를 원합니다.
우리의 싸움은 혈과 육이 아니라 악한 영들임을 인정하면서 영적 힘인 진리를 받아 들입니다.
우리는 사단의 궤계에 둔감한 것이 아니라 예민하기를 원합니다.
우리의 눈을 열어 주시사 우리가 살고 있는 영적 세계의 현실을 알게 하옵소서.
저희들에게 영적 분별력을 허락하시사 선한 것과 악을 잘 판단할 수 있도록 도와 주옵소서.
우리를 상대로 하는 사단의 공격을 명백히 나타내 보여 주옵소서.
분별하시는 예수님의 이름으로 기도합니다. 아멘.

우리의 여러 기억들 (Our Memories)

하나님 아버지, 아름다운 경험들을 저희들이 함께 나눌 수 있음을 감사합니다.
우리에게 허락하신 당신의 축복들과 좋은 시간들을 인하여 감사합니다.
감사와 기쁨으로 주님께서 우리에게 주셨던 좋은 추억들을 다시 기억하게 하옵소서.
당신의 넘치는 온유함, 오래 참음, 인내를 감사드립니다.
당신의 온유함은 우리로 회개케 하십니다.
저희들에게 어려움을 주고 상처를 준 사람들에게 주님의 동일한 인내와 온유함을
베풀지 못했음을 고백합니다. 이런일이 있을 때 은혜롭고 현명하게 행동하지 못했음도 고백합니다.
때로는 사람들의 행동과 태도들이 우리에게 상처를 남겼습니다.
저희들이 갖고 있는 비통함의 뿌리를 보여 주옵소서.
저희의 아픈 추억들을 우리들 마음에서 제거하여 주시고 주님의 은혜의 샘물로 채워 주옵소서.
오래 참으시는 예수님의 이름으로 기도드립니다. 아멘.

"네가 이것을 알라 말세에 고통하는 때가 이르리니
사람들은 자기를 사랑하며, 돈을 사랑하며, 자긍하며,
교만하여 훼방하며, 부모를 거역하며, 감사치 아니하며, 참소하며,
절제하지 못하며, 사나우며, 선한 것을 좋아하지 아니하며,
배반하여 팔며, 조급하며, 자고하며, 쾌락을 사랑하기를
하나님 사랑하는 것보다 더하며, 경건의 모양은 있으나
경건의 능력은 부인하는 자니…"{디모데후서 3:1-5}

찾아오시려면